HEMILCE AMÍLCAR LÓPEZ

ENSAYOS

Primera edición.
Mar del Plata - Buenos Aires
Argentina

Corrección y diseño de tapa:
Silas Christian López Ortiz
Silaschris67@yahoo.com.ar

Queda hecho el depósito que marca la ley 11.723
I.S.B.N. 978-987-33-7345-9

PRÓLOGO

Ciertamente que jamás llegaré a término alguno, porque siempre habrá motivo para progresar en pos de infinitud dada por conceptos cuánticos.

Cuántica que también llega a ser ineficaz en su progresión tendiente a lograr sintética totalidad que involucre la esfericidad de lo increado.

Si en el principio del comienzo, nada destacable había que se hubiera manifestado, y que pudiera definirse como entidad propia, en la que la misma esfericidad no había logrado concebirse a sí misma como arquetipo de imagen alguna, ¿cuál sería el hito prevaleciente en tal indefinida sustancialidad?

La raíz enésima de infinito no me place, por demasiado acotada, y la n me sugiere negación, aunque negara la negación.

¿Cómo podría afirmar con ausencia?

¿Cómo testificar sin argumento?

O si lo tuviera; ¿Quién lo suministraría ciertamente?

EXORDIO

Dejo lo mejor de lo que fui capaz de extraer del crisol de mi mente, cargada con estructuras vivenciales heterogéneas, que cual calidoscopio me presentaba múltiples imágenes, cuya impermanencia comprometía la perspectiva seleccionante de una empírica objetivación.

Crisol activado por la urgencia de liberarme de la bruma destiñente que pretende igualar al abismo con la cumbre.

Hete aquí al río con sus peces, aves, flora, remanso, meandros-mientras no se precipite al mar, (indiferenciación nirvánica).

Lo tangible no es Verdadero, aunque nos parezca real.

Lo paradójico es lo que más se aproxima a lo verdadero.

Somos, perduramos en la ladera por donde otros ya pasaron , y donde otros llegarán.

Con intención perfeccionista demos cabida a toda sublime quintaesencia y transmutemos la vulgaridad cotidiana en exaltación paradisíaca.

Ergo: lo que "es", NO SERÁ; lo que "no es", SERÁ.

Si la perspectiva la tomamos desde un punto de vista esotérico, diremos que, la humanidad, en su precipitación material, se cubrió con densos velos, que la privaron de la sabiduría infusa que su alma atesoraba.

El Zohar dice que: "EL HOMBRE REAL ES EL ALMA, Y QUE SU CONSTITUCIÓN MATERIAL NO FORMA PARTE DE ELLA".

Recordemos que el ZOHAR comparte con el SEPHERYETZIRAH la opinión de ser los más antiguos libros sobre religión esotérica antigua.

El hombre no está terminado, se está haciendo.

Con esta etapa que termina ha de comenzar otra de bellísima sutil estructura, en la que nuestro intelecto superará la física cuántica; y la sensibilidad orgánica se habrá quintaesenciado.

No estaremos en otros espacios, flotaremos en ambientes no-espaciales a-temporales, en cumplimiento de otra jornada de asintótica aproximación a la Deidad.

CUELGA SOBRE LA NADA

Durante siglos supusimos que nuestra Tierra era lo más importante del cielo, y que los demás, desde los aledaños, seguían nuestro paso.

¡Cuánto disgusto nos produjo la verificación de que nuestro papel era secundario!

Los indostánicos ya lo sabían. Representaron la VIDA deslizándose por la galaxia. LA TORTUGA, ser vivo entre la caparazón ventral (la tierra) y la dorsal (el cielo) nadando en MAR DE LECHE (VÍA LACTEA).

Hoy sabemos que ESE QUELONIO se desplaza a una velocidad de 900.000 kilómetros por hora en torno al centro galaxial, y que para completar UNA VUELTA NECESITAMOS 260 MILLONES DE AÑOS.

Surge en nosotros una pregunta, y es que, si muchos siglos antes de JUSUCRISTO, CUANDO JOB HABLABA CON DIOS, él ya conocía el sistema planetario, pues en el capítulo XXVI versículo 7 nos dice:

"ÉL EXTIENDE EL NORTE SOBRE VACÍO,
CUELGA LA TIERRA SOBRE NADA."   (¡!).

Dentro de la cultura orientalista solemos leer que actualmente estamos viviendo en período oscuro, edad de hierro, tras las edades de bronce, plata, oro, que nos precedieron, con amplio desarrollo intelectual, moral, espiritual, respectivamente; y con duración doble, triple y cuádruple. Edades (Yugas) llamadas: Kali, Dwapara, Treta y Satya (o Krita).

Se dice que la duración total de esas cuatro edades es de 12.000 años divinos, lo que, multiplicado por 360 años de los hombres mortales hacen un total de 4.320.000. Pero estas cantidades están referidas sólo a la mitad, es decir a un Daiva Yuga. Y como existe un Daiva descendente y uno ascendente, período de alejamiento y otro de aproximación a la Divinidad, tenemos así 24.000 años divinos, que, multiplicados por 360 hacen 8.640.000.

Estas cantidades tan grandes pueden llegar a desalentarnos si pensamos que, para aproximarnos a la Divinidad, todavía falta transcurrir tal cantidad de siglos.

¿Qué podemos hacer, en una existencia terrenal, frente a tantos siglos de siglos?

En realidad los hechos no son así, y tenemos que plantearlos adecuadamente.

En primer lugar, esos cálculos temporales están equivocados, el número 8.640.000, es el resultado del cómputo que efectuó el RAJA PARIKSHIT cuando se hizo cargo del reino por abdicación de su tío, el MAHARAJA YUDHISTHIRA, que vio el inminente arribo de la edad del oscurantismo, por lo que decidió iniciar un retiro, con todos los sabios de su corte, yéndose a los Himalayas por todo el tiempo que les restara vivir.

Como Raja Parikshit no quiso comenzar su reinado con el AÑO UNO DE KALI YUGA, período de oscurantismo o edad de hierro, continuó enumerando los años arrastrando la suma de la edad anterior del Dwapara descendente, y para que coincidiera con la tradición de MANÚ, multiplicó los años efectivos por 360. Esto tuvo lugar en el año 700 antes de Cristo.

Efectivamente, los 8.640.000 años, no son más que 24.000 años solares (ó 25.800), que es tiempo de una precesión equinoccial con respecto a la esfera celeste, tal como lo había calculado el sabio Manú.(véase "The Holy Science" by Swami Sri Yukteswar, Self-Realization Fellowship, 3880 San Rafael Av., Los Ángeles, California).

Esta relativa reducida cantidad nos brinda una posibilidad de alivio y consuelo para nuestra anhelante búsqueda de la FUENTE que nos trajo a la vida.

De todas maneras, no dependemos de tiempo alguno para el logro de la bienaventuranza. No se trata de devenir material, o de transformismo fenoménico. Debemos lograr una mutación moral que nos coloque en posición de practicar la SUBLIME LEY sin el menor esfuerzo, sin darnos cuenta siquiera que la estamos cumpliendo.

En la India encontramos ideas muy interesantes sobre el universo y su relación temporal, y sobre períodos de disolución o reposo de este universo. Ideas complejas para las mentes no habituadas a su frondosa imaginación.

Al período de manifestación del universo se lo llama "MANVÁNTARA", UN DÍA DE BRAHMA, o sea 4.320.000.000 de años solares.

El reinado de un Manú es de 306.720.000 años solares, ó 308.448.000 años lunares.

El Manvántara también puede equivaler, entre otras cantidades, a una catorce ava parte de un KALPA O DÍA DE BRAHMA, período de manifestación o actividad cósmica, que es seguido por la NOCHE DE BRAHMA, período de disolución o REPOSO, "PRALAYA", obscuración que puede referirse a un reposo planetario, universal o cósmico.

Todo lo existente se resuelve en el ELEMENTO PRIMORDIAL, para ser modelado nuevamente al terminar aquella Noche Larga.

En esta clase de Pralaya el retorno de este universo a su naturaleza original es parcial.

Algunas individualidades alcanzan el PRALAYA ATYANTIKA, considerado definitivo, no concerniente a los mundos o al universo, es el "NIRVANA", en que ninguna otra existencia futura es posible hasta después del MAHA-PRALAYA (contraparte del Maha-Manvántara).

Nuestra perspectiva aún está inmersa en época geocéntrica. Nuestra yoidad todavía no se enfrentó con un Copérnico que presentara testimonio de que considerarse lo supremo de la creación, está lejos de la realidad.

--No queremos ver por TELESCOPIO de ningún GALILEO (1), imagen alguna que nos desplace de nuestro egocentrismo.—

Ya que no somos el centro astronómico de nuestro sistema ni de nuestra galaxia (estamos a 30.000 años luz), queremos ser el centro, la cúspide, entre los seres vivientes; nuestro intelecto, decimos, ha de ser siempre superior, nada tiene que existir que nos aventaje.

Me negaré a oír, y también a escuchar a quien pretenda bajarnos de nuestro plinto construido por siglos de autoestima.

Yo soy yo.

Casi diría que: YO SOY MÁS QUE YO.

(sería capaz de subestimarme para poder sobreestimarme).

--Superlativo egotismo forjado ignorando al entorno y sobrevalorando las propias veleidades.—

Pero las circunstancias me exceden. No soy lo suficientemente hábil para conducir la cuadriga de los acontecimientos. La lucidez me retacea sus atributos haciéndome sentir careciente de realizaciones. No sé cómo erigir una pirámide o crear, aunque más no pueda, una larva.

¡Qué podría decir de la creación de mí mismo!

Nada sé.

Luego, ¿soy la suprema criatura del tiempo-espacio?

¿Lo máximo concebible por la CAUSA PRIMERA? ¿El límite de las posibilidades todas?

La honestidad me inhibe para una respuesta afirmativa.

Encenderé mi lámpara y atisbaré.

Veo un infinito en lo pretérito, y un infinito devenir. Se me desdibuja el origen y no me es accesible el porvenir.

ERGO, no soy el MAXIMMUM.

ME COMPLAZCO CON TENDER HACIA ÉL.

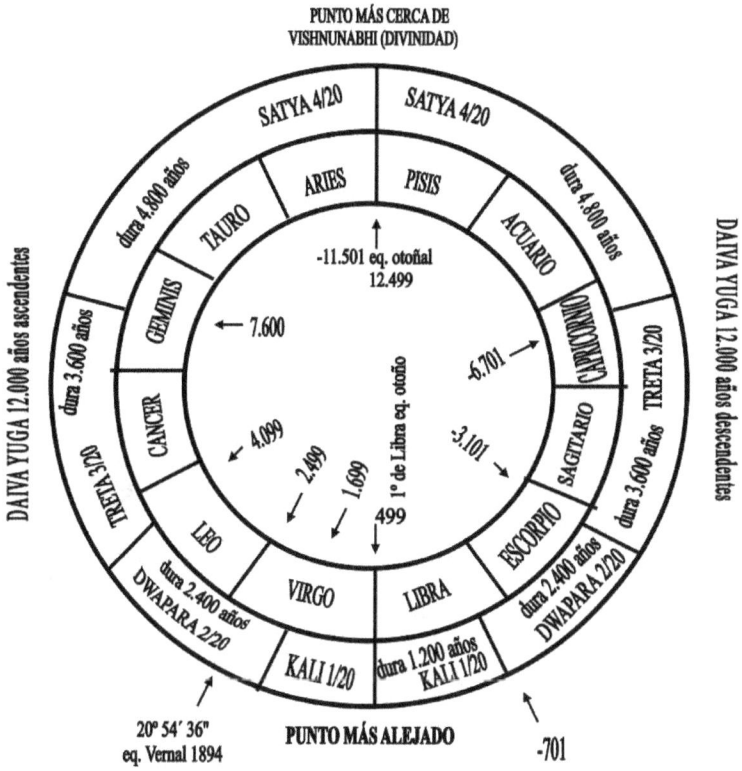

PUNTO MÁS CERCA DE
VISHNUNABHI (DIVINIDAD)

SATYA 4/20 · SATYA 4/20

ARIES · PISIS

TAURO · ACUARIO

GEMINIS · CAPRICORNIO

CANCER · SAGITARIO

LEO · ESCORPIO

VIRGO · LIBRA

KALI 1/20 · KALI 1/20

dura 4.800 años
dura 3.600 años
TRETA 3/20
dura 2.400 años
DWAPARA 2/20
dura 1.200 años
KALI 1/20

DAIVA YUGA 12.000 años ascendentes
DAIVA YUGA 12.000 años descendentes

-11.501 eq. otoñal
12.499

← 7.600

1° de Libra eq. otoño

← 4.099

2.499

1.699

499

-6.701 →

-3.101 →

20° 54′ 36″
eq. Vernal 1894

PUNTO MÁS ALEJADO

-701

SATYA: pérdida de captación de conocimiento espiritual.
TRETA: pérdida de captación del magnetismo divino.
DWAPARA: pérdida de captación del conocimiento de las cinco electricidades y sus atributos.
KALI: poder intelectual disminuye, no ve más allá de lo material.

-Se revierte todo en el DAIVA ascendente.
VIRGO-PISIS, opuestos. El eq. Otoñal está en Virgo; el eq. Vernal está por lo tanto en Pisis. Los equinoccios se mueven en retrogradación respecto de las constelaciones. Cuando los

equinoccios dejen Pisis-Virgo, enrarán en Acuario-Leo. (Sri. Yukteswarji).

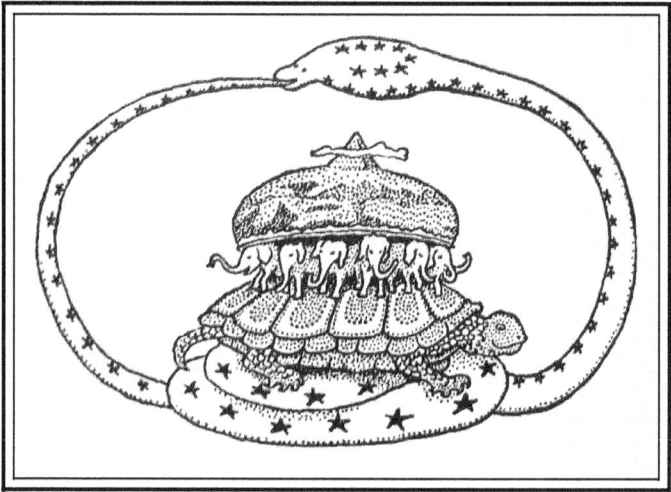

Representación Oriental del Universo

ATAVISMOS PUNITIVOS

"En vano intentan purificarse
si se ensucian con sangre".
Heráclito

Mil años, o mil millones de siglos, nada son si pensamos en eternidad.

Dícese que habrá un paraíso terrenal en el cual, aquéllos que se hicieron acreedores a él, gozarán eternamente; en paz, con salud, en armonía.

Resulta sumamente difícil formarse una imagen de esas condiciones. Una sociedad humana sin armas, sin medicamentos, sin procreación, sin contaminaciones industriales, sin moneda, sin comercio, sin jerarquías inmerecidas, sin propiedad privada, sin glotones ni bebedores, sin juegos de azar ni especulaciones; un ANTIMUNDO, donde las leyes serán de absoluta precisión y bondad, inmutables, debido a la SABIDURÍA de donde emanaron.

O, no habrá de haber leyes.

Nuestra cuadrícula conceptual estereotipada por atavismos punitivos nos dificulta la concepción de convivencia armónica sin los grilletes de las leyes que son para los infatuos, para los inicuos.

En aquella existencia no los habrá. Se habrán alejado por propia gravitación.

La mente más frondosa no alcanza a vislumbrar tal convivencia.

No se trata tan sólo de una transformación de las condiciones materiales, sino también de las intelectuales, morales, sensitivas.

Ha de verificarse una mutación tal, que ninguna relación podrá haber entre el nuevo MODUS VIVENDI; con las actuales condiciones de semi-sobrevivientes-náufragos.

Esta tierra es apta para el reino mineral, donde se encuentra adecuado sostén; para el reino vegetal, desde el musgo a las

15

gigantescas coníferas, para ellos hay suficiente humedad y aire y luz solar, que les permite cumplir con sus ciclos biológicos.

Los animales no necesitan que les construyamos casas, electrodomésticos o paraguas, saben regular su temperatura sin necesidad de termostato y vestimenta. Casi todos pueden sobrevivir sin necesidad de adiestramiento alguno por parte de sus progenitores.

Sólo el hombre parece ser ajeno a esta tierra.

Tal vez se deba a que se alejó de la Naturaleza, o quizás estaba destinado a otro entorno, y no supo o no quiso aceptar su sino.

Nuestras informaciones recibidas de física, de astronomía, de arqueología, nos ofrecen condiciones antinómicas respecto de la aseveración de que esta tierra permanecerá por siempre como habitáculo de aquellos humanos remanentes del SEGUNDO JUICIO que decidirá del destino de los seres que obedecieron o no las prescripciones Divinas.

¿Será capaz aquella humanidad de soportar las condiciones que presentará la tierra en el año 11.000?

El VIENTO SOLAR y los RAYOS CÓSMICOS son radiaciones muy dañinas para la vida, afortunadamente la mayor parte son desviados hacia el espacio exterior por el CAMPO MAGNÉTICO DE LA TIERRA. Pero el MOMENTO MAGNÉTICO de la Tierra es de 1.400 años, es decir que cada 1.400 años el magnetismo SE REDUCE A LA MITAD. Hoy tenemos tan sólo un 37% del existente en la época de JESÚS. Se habrá EXTIGUIDO para el año11.000, pero su efectividad como escudo protector habrá desaparecido mucho antes de esa fecha.

Las viñetas que vemos en los impresos que se refieren al futuro nos muestran familias de las distintas razas humanas, conviviendo con animales considerados hoy como salvajes y peligrosos. A todos se los ve apacibles y contentos.

¿Será así la convivencia de aquella sociedad que se haga merecedora de VIVIR ETERNAMENTE EN EL "PARÍSO EN LA TIERRA."?

Oímos decir:

"Vivirán con gozo".

¿Qué significa gozo? ¿Está relacionada esa idea con el concepto de lo que llamamos gozo?

Tal vez no, porque tenemos nuestra mente y nuestros sentidos demasiado distraídos y perturbados, como para considerarlos aptos para suministrarnos un parámetro ideal que nos dé la total seguridad de que nuestro juicio es correcto.

No tenemos la capacidad de SINDÉRESIS.

Aquellos seres acreedores de tal paraíso terrenal, ¿llevarán consigo, IN PERPÉTUUM, el tubo digestivo y el retrete?

Si los genitales habrán de serle obsoletos, pues serán como ángeles, entre quienes no hay reproducción, ¿Qué le estará reservado a la diferenciación ADANÉVICA?

¿Los felices habitantes de ese paraíso, no serán masculinos, ni femeninos, ni andróginos? ¿Qué funciones desempeñarán las gónadas?

ELLOS SERÁN COMO ÁNGELES, pero no como los pintó Miguel Ángel y todos los demás pintores y escultores que cometieron el CRASO ERROR de corporizarlos SEXUADOS.

¿Qué harán eternamente los felices paraisinos, una vez que hayan recorrido y conocido hasta la más insignificante anfractuosidad geográfica y entablado amistad con todos sus coterráneos? Y aprendido además todos los idiomas, incluso hasta los de los animales.

¿Será su existencia mera repetición hasta la sobresaturación, o una cuota de olvido traerá alivio a su BIENHADADA EXISTENCIA?

¿Cómo CONCEBIR UN ETERNO RECICLAJE DE SUCESOS QUE NO LLEGUEN A TORTURAR A SUS PROTAGONISTAS?

En aquella "tierra nueva" ¿continuarán construyéndose las casas con sus comodidades de aire acondicionado…?

¿Continuará la gente con atavíos policromos y polimorfos?

¿Entonces habrá fábricas, industrias, que no contaminen?

Adán y Eva fueron vestidos por los ángeles con pieles de ovejas que encontraron en la playa donde habían ayunado, cuyas carnes habían sido devoradas por los leones. (The Forgotten Books of Eden. Cap. L – LII; Génesis III:21).

He allí un modo de prescindir de fábricas. (¡!).

Pero…

En el próximo Milenario Paraíso, el león comerá paja cual el buey, consecuentemente, cada piel estará cubriendo la carne de cada oveja; no habrá felino alguno que quiera desollar lanoso herbívoro, pues el alimento paradisíaco sólo de vegetales estará constituido.

¿La humanidad está preparada para ello? ¿o espera ser exhortada para cambiar sus hábitos cruentos?

Se nos dice: "Volverá el MESÍAS para poner orden".

Digo: Debemos tener el planeta en orden para recibir al MESÍAS.

Pues no vaya a suceder que sorprenda a los omnívoros como en Kibroth-hattaavah: "AÚN ESTABA LA CARNE ENTRE LOS DIENTES DE ELLOS, ANTES QUE FUESE CORTADA, CUANDO EL FUROR DE JEHOVÁ SE ENCENDIÓ EN EL PUEBLO, Y HIRIÓ JEHOVÁ AL PUEBLO DE GRAN PLAGA EN GRAN MANERA". …"ALLÍ SEPULTARON AL PUEBLO CODICIOSO"; (Números XI:33,34).-

Recordemos que ya entonces:…"EL LEÓN, COMO BUEY, COMERÁ PAJA"; (Isaías XI:6/8).

Todo animal deberá obedecer a la primigenia orden alimentaria: …"todo árbol que lleva fruto de semilla; para vosotros será de alimento. Y a todo animal… toda la hierba verde les doy de alimento. (Génesis I:29,30).

Nos previene Isaías en LXVI:3 "EL QUE SACRIFICA BUEY, COMO SI MATASE UN HOMBRE"; …y pues escogieron sus caminos, y su alma amó sus abominaciones".

VIVIR DE LUZ

Uno de los primeros pasos por dar para ordenar el planeta, es respetar y preservar la vida de todos los seres, ya sea en el plano humano, como en el animal.

Tampoco se deberá privar de la vida a los vegetales.

La humanidad se alimentará de frutas, que es la manera natural e incruenta de hacerlo. Las semillas se sembrarán para disponer siempre de la adecuada cantidad de alimento.

Pero esto es solo una transición, pues llegaremos a desmaterializar tanto nuestro vehículo denso, que ya solo la respiración nos será suficiente para mantenernos saludables y llenos de energía. Hay antecedentes en Europa, India, Palestina.

En Europa, TERESA NEUMANN, de konnersreuth, Baviera, quien se abstuvo completamente de comer y de beber, con excepción de una pequeña hostia consagrada, que tomaba todas las mañanas.

"VIVO DE LA LUZ DE DIOS", decía,"ESTOY EN LA TIERRA PARA PROBAR QUE LA HUMANIDAD PUEDE VIVIR POR LA LUZ INVISIBLE DE DIOS, Y NO UNICAMENTE DE ALIMENTO".-

En la India, en el pueblecito de Biur, distrito de Bankura, Bengala, la santa GIRI BALA vivió más de cincuenta años sin comer ni beber absolutamente nada. Dijo: "PARA PROBAR QUE EL HOMBRE ES ESPÍRITU. PARA DEMOSTRAR QUE POR MEDIO DEL PROGRESO DIVINO PUEDE GRADUALMENTE APRENDER A VIVIR EN LA LUZ ETERNA, SIN OTRO ALIMENTO QUE ELLA MISMA".-

En Palestina: cuando MATUSALÉN solicita permiso a su padre ENOCH para prepararle algún alimento, Enoch dice: "ESCUCHA , HIJO, DESDE QUE EL SEÑOR ME UNGIÓ CON LA UNCIÓN DE SU GLORIA, NO HA ENTRADO ALIMENTO EN MÍ, Y MI ALMA NO AÑORA PLACERES TERRENALES, NI TAMPOCO QUIERO NADA QUE SEA DEL MUNDO". ("The Secrets of Enoch" LVI:2).-

JUAN EL BAUTISTA llegó a abstenerse de todo alimento, según lo dicho por Jesús: "PORQUE VINO JUAN, QUE NO COMÍA NI BEBIA." Mt. XI:18.

Estos testimonios nos inducen a dudar de la autenticidad del versículo 19, donde leemos: "Vino el HIJO DEL HOMBRE, que come y bebe."

¿Qué necesidad de alimento pudo haber tenido Jesús para conservar SU vida, si ÉL era Vida?

He allí Lázaro.-

Nacido en Tiro, PORFIRIO, neoplatónico, discípulo de Plotino, dijo: "NOS ASEMEJARÍAMOS A LOS DIOSES SI PUDIÉRAMOS ABSTENERNOS DE ALIMENTOS VEGETALES LO MISMO QUE NOS ABSTENEMOS DE ALIMENTOS ANIMALES".-

Después, transcurrida esa instancia, la energía se incorporará en nosotros casi sin notarlo.

Estaremos dedicados a crear nuevas formas de ser.

Nuestra personalidad habrá agotado su pluralidad de egoísmos, habráse desleído perdiendo sus adjetivos, lo que equivaldrá al no-ser de esa máscara (persona).

Como entes incorpóreos nos moveremos en corceles-pensamientos.

DONDE PENSEMOS ESTAR, ALLÍ ESTAREMOS.

LO QUE PENSEMOS QUE SOMOS, ESO SEREMOS.

LO QUE CREAMOS QUE EXISTE ESO EXISTIRÁ.

Fuimos a SU imagen y semejanza.

Habremos recuperado esa jerarquía.

Seremos como al PRINCIPIO.

Empezaremos a realizar nuestro ministerio, por nosotros desechado y olvidado.

Nuestros actos tendrán valor eterno.

HADO

¡Sí! Podemos saber nuestra misión telúrica por cumplir en este piélago esquivo.

Partamos de los pre-albores genesíacos:
calórica urdimbre de sustancialidad proto-etérica, suministrada por los TRONOS ANGELICALES.
Despojáronse ellos de su exterioridad en aras de superación conceptual, mas no organoléptica.

La Éptada de los ELOHIM aportó sapiencia para una Seidad de Gloria Paradisíaca.

Allá estábamos en singular armonía, dispuestos a crear música, formas, colores.
Demiurgos de "novum" por excelencia debimos ser, nada concebido hasta entonces, ni después.

Reflexionemos. Meditemos.
Nuestro Sino Angelical está aguardando.

EL NOMBRE

¡Que bien entiendo
la voz de Tus Estrellas
y el silencio de tus
Árboles!
Rabindranath Tagore.

El vocabulario es más rémora que entendimiento.

Llegado el GRAN-DÍA la comunicación será diferente.

Las palabras serán obsoletas; los idiomas: calcinados esqueletos pulverulentos.

Sintonizaremos nuestros pensamientos, directamente, pluridimensionalmente.

No habrá necesidad de mondar la fruta para saber del estado de la pulpa, ni partir la almendra para saber de la presencia de su semilla.

La solidez estática de la piedra se nos presentará como microuniverso; gravitando sus partículas en suficiente espacio relativo a sus masas y velocidades.

Nuestros preconceptos religiosos no tendrán doctrina donde apoyarse.

Inconsistentes nos parecerán las actuales teologías y teodiceas.

Hasta veremos que nos falta EL NOMBRE preciso que nos permita designar al SUPREMO. No hay sustantivo adecuado, y tampoco adjetivos, éstos son limitativos y parciales.

Los asirios LO llamaron AD, "el padre"; "uno" en arameo, AD-AD: "el uno solo".

Uno de los nombres de la deidad hebrea era EL SHADDAI, traducido como Dios Todopoderoso.

23

Las fuerzas creadoras terrestres estaban ejercidas por siete espíritus, los ELOHIM. En el divino tetragrama IHVH encontramos representadas a cuatro Jerarquías de la armonía:

MIGUEL, el ángel de la letra "jod", el genio del Padre, la
fuerza creadora activa.

GABRIEL, el ángel de la letra "he" el representante de la Madre, la fuerza creadora pasiva.

RAFAEL, el ángel de la letra "vau", el genio del trabajo creador.

URIEL, el ángel del fuego generador; y con CRISTO, MELQUISEDEC y METATRÓN se completan los siete Elohim.

En hebreo, ADONAÍ era traducido "Señor". Cuando en la lectura de hebreo llegaba el nombre IHVH, llamado JEHOVAH, hacía una pausa y pronunciaba "ADONAÍ".
Pero cuando estaba escrito con los puntos de ALHIM, decía "ELOHIM".

Los incas tenían la palabra PACHACAMAC. Pacha = universo; Camac participio de presente del verbo Cama = animar; "el que anima el universo". Verdadero Dios a Quien los incas no nombraban ni ofrendaban; Le adoraban mentalmente en su corazón.
Encontraremos EL NOMBRE cuando nuestra asintótica trayectoria nos conduzca a un mínimo de distancia, cuando SEAMOS-NO SEAMOS simultáneamente.
Cuando Ser, Amar, se puedan conjugar sólo en tiempo presente (eternidad), y en una sola persona, que ya no será persona (máscara).

Las palabras no bastan para expresarnos sobre aquellas realidades (verdades), no obstante tenemos que comunicarnos; aunque Verdad no tenga plural, tenemos que usarla.

Una de las primeras palabras que desaparecerán será: amor (con minúscula), por carecer de definida significación racional, lógica, emotiva; por estar comprometida con absurdas e inhumanas acciones. Por haberse usado en procederes disociantes y opuestos a evangélicos designios.

Después se olvidará: Amor (con inicial mayúscula) que fue acertadamente usada por una minoría de millonésima. Palabra esta adecuada a la humana naturaleza, pero que no alcanzará la jerarquía de aquellos sentimientos reinantes en tan beatífica existencia.

Cuando hallemos EL NOMBRE, podremos franquear toda puerta, tras las cuales se hallan los inmarcesibles tesoros LIBRES DE HERRUMBRES O INSECTOS. (Mateo VI:19/20).

Ese SÉSAMO ÁBRETE será la llave maestra de celestiales aposentos, del orbe todo.

DE NADA, NADA

Leemos que el universo, de acuerdo con diferentes teorías, puede ser:

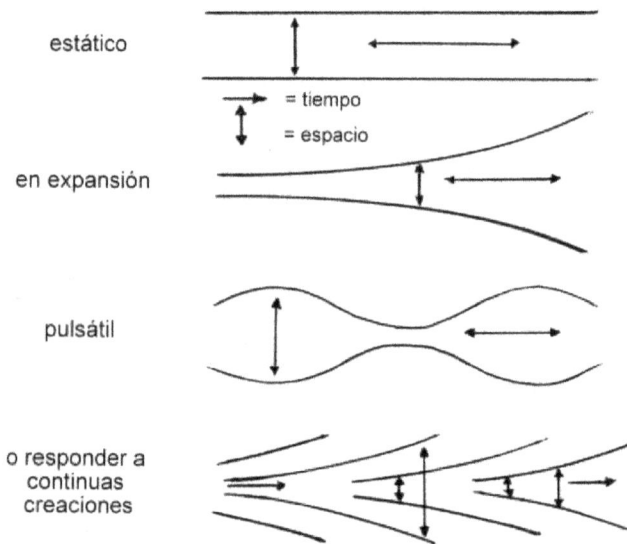

estático

→ = tiempo
↕ = espacio

en expansión

pulsátil

o responder a
continuas
creaciones

Con respecto a su origen tenemos que Sir Arthur Eddington se refirió a la teoría del "Big Bang" (la gran primera explosión que habría dado inicio al universo) como "desprolija y absurda".

Admitiendo que no se   hubiera producido ese estallido, ello no nos da prueba de la no existencia de un Creador, que bien pudo haber decidido hacer lo existente de tal manera.

No permitamos que el cientificismo considere que tenemos mentalidad prelógica o anticientífica.

Recordemos que EDDINGTON dijo: "EL UNIVERSO NO ES MÁS QUE UN GRAN PENSAMIENTO".

Posición ésta que nos sitúa en la aceptación de una VOLUNTAD INCREADA DANDO ORIGEN AL UNIVERSO.

ESA VOLUNTAD, ESE VERBO, HABRÍA CREADO-EMANADO no meramente un universo como proyectiva de lo incognoscible, progresivo, evolutivo, unidad absoluta de lo que captan nuestros sentidos; sino que SU ARS MAGNA sería EL COSMOS, SUPREMA ARMONÍA EVOLUTIVA, serie indefinida de SUCESIVOS UNIVERSOS, más todo cuanto no perciben nuestros sentidos. Y, verosímilmente, en expansión. Así es que hay laboratorio para todos aquellos que vayan alcanzando la jerarquía de demiurgo, de cosmocrator.

Colmemos de aceite nuestras lámparas para no ser sorprendidos en las sombras vanas de organolépticas concesiones.

Después no necesitaremos luz para ver. Ella es de este térreo esfcroidc y orgánicas retinas.

EL SUPREMO ARQUITECTO no creó tinieblas.

Fiat Lux. Él hizo que hubiera luz.

Las tinieblas las creamos nosotros cuando perdimos el "ojo único".

"La lámpara del cuerpo es el ojo; cuando tu ojo es bueno también todo tu cuerpo está lleno de luz; pero cuando tu ojo es maligno, también tu cuerpo está en tinieblas. Mira pues, no suceda que la luz que en ti hay, sea tinieblas. Así que, todo tu cuerpo está lleno de luz, no teniendo parte alguna de tinieblas, será todo luminoso, como cuando una lámpara te alumbra con su resplandor". (Lucas XI:34/6).

CON NUESTROS OJOS DEL CUERPO, vemos CUERPOS ayudados por lumbrera externa.

Con nuestro OJO ÚNICO veremos la REALIDAD, por nosotros mismos.

Cuando trascendamos el REINO MILENIAL no usaremos lumbrera alguna.

"Y acontecerá que en ese día no habrá luz clara, ni oscura. Y será un día, el cual es conocido de Jehová, que no será día, ni noche; mas acontecerá que al tiempo de la tarde habrá luz". (ZACARÍAS XIV:6.7).

Veremos diversamente, sin sombras ni reverberos.

Tendremos un acceso a LA REALIDAD.

Decir "ver para creer" no tiene vigencia científica dado que la longitud de onda de la luz es mucho mayor que el tamaño de un átomo, cuánto más que de los protones, neutrones, electrones, o de sus partículas constitutivas, los QUARKS.

La luz no nos sirve para VER.

Hay que usar otros OJOS.

No podemos VER con sólo nuestros órganos los "LADRILLOS DEL ÁTOMO".

ZACARÍAS YA LO SABÍA.

CUBICIDAD DE LA ESFERA

A la igualdad 4 + 3 + 2 + 1 = 10 se la llama "cuadratura del círculo", y a la 1 + 2 + 3 + 4 = 10, "circulatura del cuadrante".

Veamos qué relación tienen estas expresiones con la vida humana, intentemos hallar la sabiduría que ellas necesariamente han de expresar.

Los seres todos aparecieron en este mundo con una cuota elevada de estabilidad, con lo que la naturaleza aseguró su supervivencia.

Gráficamente podemos representar al hombre como un cubo, (paralelepípedo de gran estabilidad).

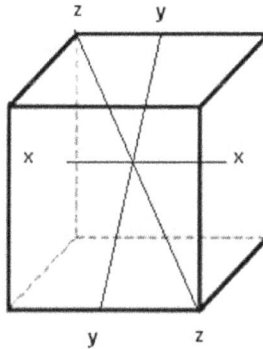

Este exaedro posee tres tipos de diagonales. La más corta es la que une los centros de dos caras opuestas.
La que le sigue en longitud une los puntos medios de dos aristas opuestas, y la de máxima longitud es la diagonal que une dos vértices.
Es decir: $xx < yy < zz$.

Como el ser humano tiene la capacidad de crecer en toda dirección que se proponga, y su intuición así lo dice, habiendo pasado el período en que necesitó la gran estabilidad para que no sucumbiera la especie, pone en funcionamiento su posibilidad de crecimiento.

Se propone en primer término extender su altruismo hacia todos los seres animados que comparten su terráqueo viaje sideral, enlongando sus medidas xx. Luego extiende las distancias yy por medio de su depuración moral y madurez espiritual, llegando de tal manera a igualar con el máximo de todas las distancias, es decir xx = yy = zz. Y de ello resulta que el cubo se convierte en esfera.

De su posición estática de paralelepípedo pasó a la muy versátil condición de esfericidad. De su ámbito tribal pasó a la meritoria estancia de fraternidad universal que lo conduce hacia aquel DESTINO decidido por su propio libre albedrío.

Futuro en el que tendrá mayores posibilidades de multicontactos que enriquecerán su existencia con ritmo logarítmico.

Pero, atención, esa pluridimencionalidad podría llegar a desquiciarlo, si lo embriagan las innumerables potencialidades a las que ahora tendrá acceso.

¿ Que deberá hacer el hombre? Una vez arribado a tan compleja situación de estabilidad relativa, y para no caer en una esquiva erratiticidad que lo sustraiga de su bienhadado destino.

ESTABILIDAD   ESTABILIDAD
                       RELATIVA

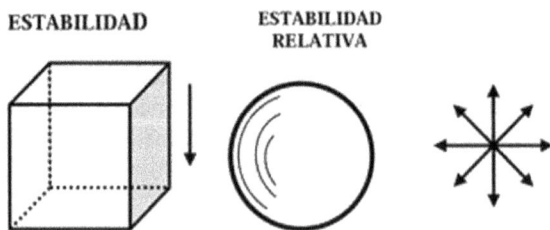

30

Pues, seguir en su trayectoria espiral, que ahora tiene mayor apertura, y pasar nuevamente por el radio de estabilidad que poseyera en época pretérita pero en un trayecto de su campo que el devenir le estructuró de manera asombrosa y pletórica de maravillosas oportunidades.

Ya no se arrastra, ahora vuela.

Ya es capaz de lograr estabilidad cúbica teniendo la versatilidad esférica.

Habiendo partido de un estado de pasiva CUBICIDAD, logró un estado evolucionante propio de versátil esfera; esfericidad de múltiples posibilidades.

Es el momento de afianzarse en la conquista para permanecer cual paradigma.

$1 + 2 + 3 + 4 = 10$ ESFERICIDAD DEL CUBO.

Las tres medidas espaciales, más una cuarta, nos da como resultado el número perfecto, el DIEZ. Que también podemos leerlo: una (1) esfera (0).

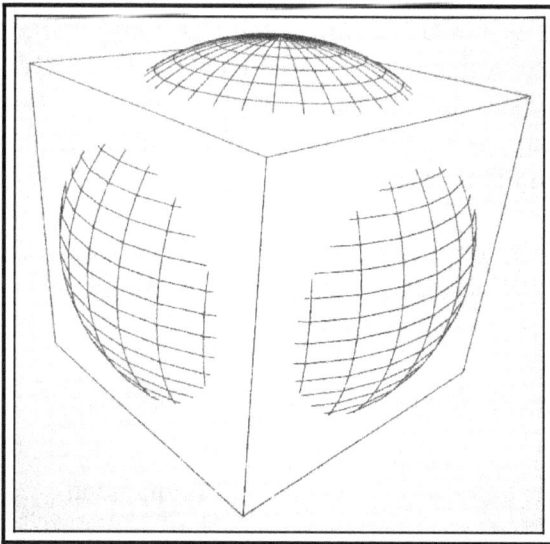

Similitud de Volúmenes

31

TIEMPO

Sobre lo que es, o podría ser el TIEMPO se ha escrito y hablado bastante. Todavía falta la definición precisa.

Hasta el año mil novecientos se creía en un TIEMPO ABSOLUTO, lo que no creaba mayores dificultades para entenderse. Pero cuando se quiso unificar la gravedad con la mecánica cuántica, hubo que introducir la idea de TIEMPO IMAGINARIO, de dirección espacial indistinguible.

En el TIEMPO REAL nos encontramos con las direcciones hacia delante y hacia atrás.

Si consideramos la DIRECCIÓN TERMODINÁMICA del tiempo, nos mostrará que el desorden o entropía va en aumento.

Si analizamos la DIRECCIÓN COSMOLÓGICA, la hallaremos asociada a la idea de expansión del universo.

Si nos atenemos a la DIRECCIÓN PSICOLÓGICA, veremos que es la manera cómo sentimos transcurrir el tiempo.

Y si lo tomamos en DIRECCIÓN DEÍFICA, tendremos orden, eternidad, esplendidez.

El estatismo no nos proporciona idea de tiempo, mas sí, el transformismo fenoménico.

¿Qué será del tiempo cuando hayamos transitado el REINO MILENIAL? Y no dispongamos de estatismo ni de transformismo fenoménico como lo percibimos hoy.

$$\frac{\text{Aquel tiempo}}{\text{Este tiempo}} = \frac{\text{Ser}}{\text{no-ser}} = \frac{\text{Eternidad}}{\text{humanidad}} = \infty$$

AQUEL TIEMPO Post-Reino Milenial, es a ESTE TIEMPO como el SER es al NO-SER y como ETERNIDAD es a HUMANIDAD.

Estaremos ante el infinito.

Ya no habrá más TIEMPO que nos entretenga en controversias filosóficas o científicas, la elocución estará exánime.

DEMÓSTENES no seleccionará guijarros para ejercitar su garganta para discursos temporales, o espaciales; si el espacio es una propiedad de los cuerpos, no habiendo cuerpos no habrá espacio.

Así como las ideas que tenemos de este mundo parten de la no dimensión, el punto, para pasar a la línea, al plano, y al volumen, así este volumen es la no dimensión en aquel MÁS-ALLÁ, donde nuestros conceptos de espacio, tiempo, dirección, no se ajustan a la REALIDAD.

"EL CIELO Y LA TIERRA PASARÁN".
Nuestras brújulas y cronómetros también pasarán.
Sólo lo
INNOMONADO
SERÁ.

Sólo lo
INNOMINADO
ES.

PRESENTE

Dividimos al tiempo en Futuro, Presente y Pasado. Lo que no ha sucedido, lo que sucede y lo que sucedió.

El Futuro al no haberse manifestado, es inexistente;

Nos parecen reales el Presente y el Pasado, (por conocidos).

Lo que afecta nuestros sentidos es lo acontecido, luego no hay Presente, porque al registrarlo ya es pretérito.

Nos quedamos tan sólo con el Pasado.

Si pensamos que de lo Pasado está constituido nuestro mundo, podemos inferir que lo pretérito no es tal, sino que es Presente.

-El Futuro no es real porque todavía no existe.

-El Presente no es real porque al manifestársenos ya es Pasado.

-El Pasado no es real porque hállaselo por todo sitio, ahora.

-El Futuro al pasar por el punctual Presente, nos proporciona el Pasado.

-Lo sucedido nos determina el Futuro.

-El Futuro y el Pasado son simétricos con respecto al punto llamado Presente.

-Todo el Futuro y todo el Pasado pasan (están contenidos) por (en) ese punto llamado Presente. Allí son contemporáneos.

-Todo es PRESENTE.-

DEAMBULAR REPTANTE

Como simbólica humanidad de ABRAM-SARAY, hace incontable cantidad de siglos que partimos del "FUEGO SAGRADO" (UR) para recubrirnos de partículas cada vez más densas, que nos precipitaron en el NADIR del AVERNO.

Allí hemos estado (y estamos) engrillados por nuestra obstinación, semi-sumergidos en el fango como el pueblo escita (y todos los pueblos) simbolizado por aquella tradicional figura del TAURO (queriendo emerger del cieno), que RAMA cambiara, oponiendo el pacífico CORDERO a su agresiva cornamenta anhelante de sangre.

Dejemos de ser crisálidas enclaustradas en la cárcel construida con la misma propia sustancia material. Ya sabemos lo que es lo mundanal, quitémonos el traje de buzo y pongámonos el de astronauta.

Demos toda importancia que tiene, a nuestro CUERPO ESPIRITUAL y quitemos toda la que no tiene nuestro cuerpo material.

Es mucha la tarea que nos falta realizar para hacernos merecedores de las excelsitudes POST-REINO-MILENIAL.

Debemos aprehender que no somos el cuerpo físico que estamos llevando de uno a otro sitio.

Esta materia NO ES VIDA, tiene una cuota prestada de ella.

El cuerpo es el bisturí con el que podemos realizar innúmeras disecciones en la materia mundanal, empirismo indudablemente útil que grabamos en nuestra memoria, y transformamos luego en reminiscencia, como memoria del alma, y que definitivamente se instala en el ÁNIMA-MUNDI.

El ÁNIMA MUNDI es al ÉTER, como el ALMA es a la MATERIA. Es el ESPACIO UNIVERSAL EN QUE ESTÁ INMANENTE LA IDEACIÓN DEL UNIVERSO.

¡ Cuánto espacio-temporal tenemos en el laboratorio cósmico!

Y pasamos ante él ignorándolo.

Vistámonos con sayal de sinceridad. Afuera dejemos las vendas de preconceptos que nos ciegan como a la justicia, desechemos las supersticiones cientificistas y antidevotas. Que no nos fascinen los oropeles. La escoria es impropia del oro.

Mientras haya espacio-tiempo laboremos cual alquimista, para transmutar las afinidades temporales y podamos disponer de otro atalaya que nos dé una nueva perspectiva conceptual atingente a lo suprahumano.

Suprahumano estado que, llegado el momento deberemos trasponer; no podemos referirnos IN ÆTERNUM a parámetro con sujeción a lo humano, sería prolongar demasiado nuestro balbucir en el intento de merecer el "cielo prometido".

Suponemos que ha tiempo dejamos en lo pretérito los umbrales de mentalidad prelógica, y que ahora nos encontramos en plena, lúcida razón.

Si. Pero continuamos uncidos al DEAMBULAR REPTANTE, demorados por los objetos de los sentidos.

Liberémonos de esos objetos. Nos liberaremos también de nuestros actuales sentidos, que no nos perturbarán más con sus sensaciones imprecisas, con sus estímulos inquietantes, con sus expectaciones desquiciantes.

Aboquémonos con premura a la consecución de ese EXISTIR que nos aguarda, no sea que se nos termine la actual oportunidad y debamos deambular, repitiéndonos, durante otros doscientos cincuenta y ocho siglos más del desplazamiento equinoccial

Nos estimamos como racionales, seámoslo efectivamente y cambiemos nuestros atavismos por divinos designios.

Así como la física mecánica no nos alcanza y tenemos que encaminarnos por la física cuántica, así dejaremos la RAZÓN para obrar por medio de la INTUICIÓN.

Después…, después tampoco intuición, no necesitaremos que se nos DIRIJA intuitivamente, estamos destinados a ser nosotros mismos, a obrar directamente con sabiduría y en armonía total con la EXISTENCIA ABSOLUTA.

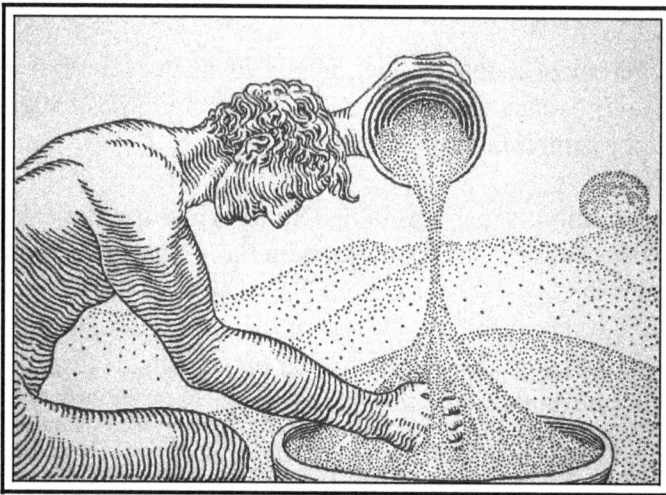

Del polvo de la tierra fuiste hecho y allí retornarás

SUFICIENTE MATERIA

Se suele decir (con relación a las gónadas) que somos mitades en eterna búsqueda complementaria.

Leímos que:
ZEUS HABÍA DIVIDIDO A LAS CREATURAS EN DOS, CONSIGUIENDO CON ELLO DEBILITARLAS Y TENER EL DOBLE DE SERVIDORES.

PRIMA FACIE es aceptable esa versión tal vez inducidos por aquella escisión costal, que proporcionó "AYUDA IDÓNEA" al varón inombligado

Pero si nos detenemos en el tema podemos inferir que lo femenino y lo masculino están inversamente OCULTOS el uno en el otro.
Llegaremos a una evolución tal, en la que el sexo no será más que cierto ensueño en el que nos precipitamos, allende los tiempos, por supina intemperancia.

Ubicarémonos así en la esfera original y comenzaremos recién entonces por la base de aquella escala que nos fuera ofrecida por la CAUSALIDAD INCREADA.
Esa eterna búsqueda de la mitad complementaria, no es literalmente tal, sino que se trata de la búsqueda del tronco común a todos los (mortales) vivientes.

Lo que en realidad todos buscamos, es la certeza de que somos criaturas de QUIEN podemos esperar eterno y seguro amparo atingente a trascordadas reminiscencias.
No debemos considerarnos mitades, somos INDIVIDUOS, lo mismo que el simbólico Adán, indiviso.

(Había suficiente materia como para llenar OTRO MOLDE, sin necesidad de ablación alguna).

Nuestra inopia de Conocimiento nos lleva a proponer soluciones simplistas para las grandes (sagradas) incógnitas (eternas) de la humanidad.

Todo lo referimos a este mundo (es obvio), lo único que suponemos real.

¿Y si hubiera otro mundo en el que encontráramos un Reino que "NO ES DE ESTE MUNDO"?

Donde estén dadas las respuestas a las incógnitas de siempre.

La filosofía, la física, la genética se habrán transmutado en matraces de algún SILESIUS, GEBER o DEMÓCRITO.

No diremos: "La mujer que me diste por compañera me dio del árbol, y yo comí."

Tampoco diremos: "La serpiente me engañó, y yo comí."

No transferiremos nuestra responsabilidad. No habrá oportunidad de catarsis.

Toda acción, o falta de ella, será por nuestra personal y exclusiva cuenta.

Yo responsable ante mí mismo.

NO ME ESCINDIÓ ZEUS, NI PERDÍ COSTADO ALGUNO.

ETERNA ACTIVIDAD

"Muerte es
todo lo que vemos,
cuando estamos
despiertos."
Heráclito

Hay quienes ruegan: "…que su alma goce de eterno descanso."

Seguramente que esos orantes nunca pensaron en qué era lo que estaban pidiendo.

El ajetreo de casi un siglo, ¿pudo haber cansado infinitamente a esa alma para que necesite un DESCANSO ETERNO?

El cuerpo se nos fatiga después de una actividad de medio día, y se recupera durante la otra mitad, a pesar de ser vulnerable, degradable y finito.

¿Es el alma tanto más deteriorable que el físico, que necesite para su recuperación DESCANSAR ETERNAMENTE?

¿No alcanza a restablecerse con un poco menos de eternidad?

La idea del descanso eterno, del que llegaríamos a saturarnos, no difiere mucho de la eterna condenación.

O tal vez sea que, al mencionar la "eternidad" nos referimos a una duración indefinida, sin pensar necesariamente que no tenga límite.

En sánscrito no existe la palabra ETERNIDAD con la acepción occidental. Para ellos es la séptima parte de un "MAHAKALPA", de una EDAD DE BRAHMA.

La expresión usada por los hebreos es "por siempre jamás".

En algunos pasajes bíblicos vemos que "ETERNIDAD" está usada con distintos significados, leemos en JUDAS APÓSTOL versículo 6 "y además que a los ángeles, que no mantuvieron su dignidad, sino que abandonaron su propia morada, los tiene guardados con LIGADURAS ETERNAS bajo tinieblas para el juicio del gran Día." (Bib. Jerusalén).
Aquí "ETERNIDAD" no tiene el significado de SIEMPRE.

Cuando ya no nos ocupemos de mantener en funcionamiento nuestro cuerpo terrestre, por estar reducido a cenizas, y hayamos trascendido las condiciones MIL-AÑERAS, estaremos siempre gustosamente activos.
El cansancio es de la materia limitada por fatal entropía.

Somos fotones de la GRAN LUZ, 'eternamente' activos, con prescindencia de lo que pueda ser fatiga.
Por nosotros fluirá la VIDA EN PERMANENTE ENTREGA.

Dejaremos este pesado cuerpo que hemos utilizado para sumergirnos en esta densa atmósfera en procura de falaces experiencias.
Vayámonos felices de poder irnos, aunque algo tristes por haber malgastado el tiempo desaprovechando oportunidades.
Que nos sirvan las vivencias para no repetirnos.
Dirijámonos hacia ese MANANTIAL SEMPITERNO colmado SIEMPRE de cósmica ambrosía.
No conduciremos esqueleto, seremos energía, pensamiento, Vida.
No tendremos que recargar baterías pues ALLÁ no hay desgaste, no existen fricciones que debamos lubricar, el descanso no tiene significación alguna.

…y, cuando alguien parta, no diremos "que su alma goce de eterno descanso".

Mas sí diremos.

"…que su alma goce de eterna actividad".

Bendición suprema.

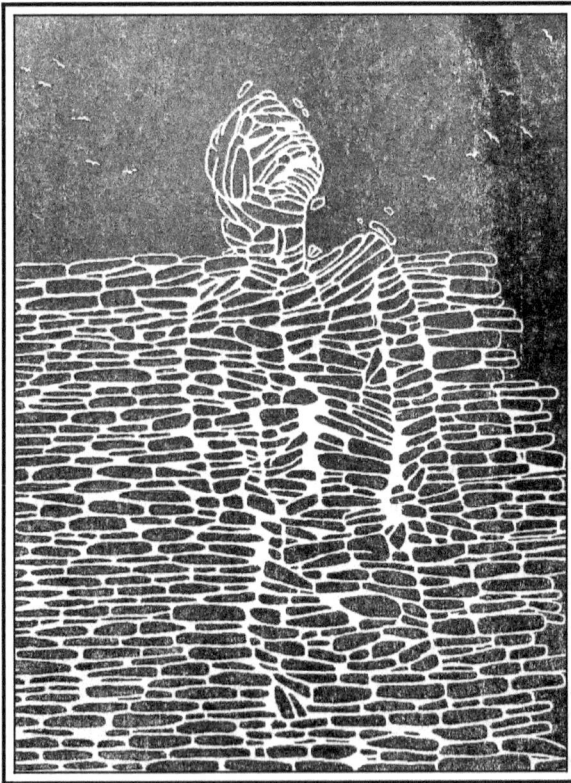

El origen de la vida fue el agua.

PISAR NUESTRAS
VESTIDURAS

Gurú: ¿Cuál es el objetivo de tu estudio?
Sócrates: Una investigación sobre el hombre.
Gurú: ¿Y cómo puedes inquirir sobre los fenómenos
humanos, si ignoras los divinos?

¿Podemos comprender los fenómenos que se nos presentan a través de los sentidos, podemos SABER de ellos?; o solamente tenemos una opinión, restringida por la mayor o menor agudeza de nuestra captación.

Los sentidos nos enseñaron que cuando un objeto se calienta, aumenta de volumen, cuando enfría, disminuye.

Por electrólisis sabemos que el agua está formada por dos partes de hidrógeno y una de oxígeno, lo que expresamos así: H_2O.

Pero el agua no se comporta como los otros cuerpos, pues aumenta de volumen al calentarse y también aumenta al enfriarse.

Hemos tomada como definitiva la fórmula H_2O.

También tenemos la opinión que la molécula de agua estaría formada de otra manera, por ejemplo: $HO + H_2O + H_3O$ lo que produciría su dilatación cuando enfría.

La electrólisis continuará dando dos volúmenes de hidrógeno y un volumen de oxígeno, pero la molécula de agua estará constituída por tres clases de moléculas de hidrógeno y oxígeno.

Que esto nos sirva para librarnos de preconceptos e intentemos tener un acceso a la Realidad. Planteemos nuestras cuestiones de una manera menos escolástica. Deseemos saber algo de Lo que ignoramos. Que nuestra búsqueda comience por investigar sobre la CAUSA PRIMERA:

En la Biblia leemos: "Mas buscad primeramente el Reino de Dios y su justicia, y todas estas cosas os serán añadidas". Mateo VI:33.

"Si apeteces sabiduría, guarda los mandamientos, y el Señor te la dispensará." Eclesiástico I:26

Que el objetivo de nuestro estudio sea el ABSOLUTO.

Llegaremos así a aprehender el significado de este LABORATORIO CÓSMICO, develándose los "misterios" que son tan sólo el resultado de nuestra impropia manera de interpretar la Realidad.

Busquemos el reino de Dios y SU justicia, según Mateo.

Investiguemos sobre Dios, como sugirió el gurú.

Así lograremos sintonización adecuada con la Fuente, que nos brindará sabiduría plena de bienaventuranza.

Para ellos habremos "lavado nuestros vestidos", "pisado por nuestras vestiduras" (nos habremos lavado de nuestros pecados y pisado nuestras vanidades). Habremos aprendido que el valor de lo material (incluida nuestra anatomía), es relativo y transitorio.

Recordemos nuestro ministerio, que será como encender nuestra luz que disipará toda sombra de dudas, toda tiniebla, AUNQUE LAS TINIEBLAS SEAN ENTES DE SUSTANCIALIDAD VIVIENTE cuyo origen se remontaría a la época calórica del ANTIGUO SATURNO. (ver "GÉNESIS" de Rudolf Steiner).

LUZ
NI CLARA NI OSCURA

En este mundo tenemos necesidad de una luz que produzca sombras, una luz que esté formada por ondas, y que para armonizar con la hipótesis de los cuantos de Planck, en algunos aspectos habrá de comportarse como si estuviera compuesta por partículas.

El experimento de las dos rendijas paralelas, por las que pasa luz de un determinado color, nos da en una pantalla un diagrama de franjas luminosas y oscuras, debido a que se suman o anulan las crestas y los valles de las ondas.

Si en lugar de una fuente luminosa utilizáramos una de partículas, obtenemos el mismo resultado.

Pero, algo insólito, si los electrones se envían de uno en uno, producirán el mismo efecto, como si cada electrón pasara al mismo tiempo por las dos rendijas.

Dejemos a los científicos tremenda cuestión del fenómeno de interferencia.

La luz que tendremos en el Post-Allá, no será "CLARA NI OSCURA", sin lumbrera será posible la visión perfecta.

Quien haya tenido un anticipo no podrá jamás olvidarlo. Las formas se perciben hasta en sus más ínfimos detalles. Los colores poseen tanta belleza que escapan al pincel de Leonardos, Goyas, Buonarrotis. (véase formas del pensamiento por Leadbeater).

La música es simultáneamente una sinfonía de colores, de lo que puede darnos una ligera idea un atardecer contemplado desde alguna isla pletórica de inflorescencias.

Los científicos dicen que un protón o un neutrón está constituido por tres quarks, uno rojo, uno verde, y uno azul. Pero esto es tan solo fantasía, porque a tal pequeñez el color carece totalmente de sentido, haciéndosenos difícil comprenderlo debido a que estamos imbuidos por la policromía del mundo.

Así también sabemos poco de aquella ultracromía de la que está revestido aquel Post-Allá, donde el atardecer no nos mostrará versátiles multicromías, como los rayos de nuestro sol nos presentan en lúdicra y silente sinfonía.

No nos mostrará, simplemente, porque no existen atardeceres, ni noches. Se nos dijo: "COMO HIJOS DE LA LUZ, VOSOTROS TENÉIS NECESIDAD DE CAMINAR EN ELLA". (1)

Allí no necesitaremos noches para recuperarnos de fatigas, no habrá cansancio físico, ni intelectual, ni moral, estaremos siempre gozosamente activos.

Contemplar la belleza será una placentera ocupación.

(1) "The Abrahamic Store" by J. Todd Ferrier
The Order Of The Cross.

EN EL MEDIO

Sea el espacio curvo o no, verosimilmente es ilimitado, lo que permite legitimar la suposición de que su centro AQUÍ se halla (aunque distemos 30.000 años luz del centro galaxial).

Esta tesis puede servirnos para investigaciones astronómicas e inferencias sidéreas de aproximaciones ciertas –o menos erróneas-.

Si afirmamos que el hombre es la máxima creación, estamos suponiendo que LA CAUSA es de una imaginación altamente restringida, que se halla confinada dentro de una cantidad neuronal; y que -tal vez- no ha sido capaz de superar a algunos ascetas que nada tuvieron de hombres comunes: MAITRE ECKHARDT, RUYSBROEK EL ADMIRABLE, BENOIT DE NORCIE. (1)

Normalmente, cuando el hombre duerme, no tiene recuerdo de su actividad mundana. –Lo que no autoriza a negar su mundanal andanza-.

Cuando permanece en vigilia, normalmente, no tiene memoria de su vida eterna. ¿Es esto argumento suficiente para sostener que no existe la vida POST MORTEM, ya sea como perpetua contemplación, o como diligente actividad?

Tan lejos está la larva de demostrarnos que la suma de los cuadrados de los catetos es igual al cuadrado de la hipotenusa, como lo está el hombre, de la Realidad, cuando dice que él es lo supremo de la Creación.

Llegó a estampar la ecuación $E=mc^2$, pero ello es tan sólo hacer pinitos ante la magnificencia del orbe todo.

La más preclara de las mentes, el más agudo de los iluminados, el más santo de los devotos, está tan lejos de la Realidad como de sí mismo.

(1) ver Addenda.

Polemizamos diciendo que el universo tuvo principio, que no lo tuvo, que existe de por sí, que fue creado, que es emanación, que es irreal, que es dual, que es uno…

Siempre tenemos algo que argüir para oponernos a otras opiniones. ¿Y si todos tuviéramos un tanto de error, y de certeza?

Nadie nos convencerá de lo que no sabe. Y si sabe, grande será la posibilidad de que no logre pasar la coraza de nuestra ignorancia.

Dijo LAO-TSE: "QUIEN SABE NO HABLA; QUIEN HABLA NO SABE".

Tenemos que descubrirnos a nosotros mismos.

Si no sabemos lo que somos, ni de dónde venimos, ni a dónde vamos; ¿qué valor pueden tener las afirmaciones que hacemos respecto de nuestro entorno, del "big bang", del microvolumen de la materia primigenia, de la permanencia de los cuerpos que observamos, del momento de su extinción…?

La soberbia es superlativa.

Podemos decir, con posibilidad de certeza, que estamos en EL MEDIO. (hay un universo infinitamente grande e infinitamente pequeño).

Ahora bien, quitados el espacio y el tiempo, (quedamos sin mensura espacial y temporal), debemos analizar nuevamente la cuestión.

Aunque en realidad no se trata de "análisis" que nos cubriría de hojas incapacitándonos para ver el bosque, sino que elaboraremos síntesis de lo externo y de lo interno, TODO como UNO, y la cuestión de si el hombre es LO SUPREMO quedará diluida y olvidada para siempre.

Dejaremos de ser yoístas.

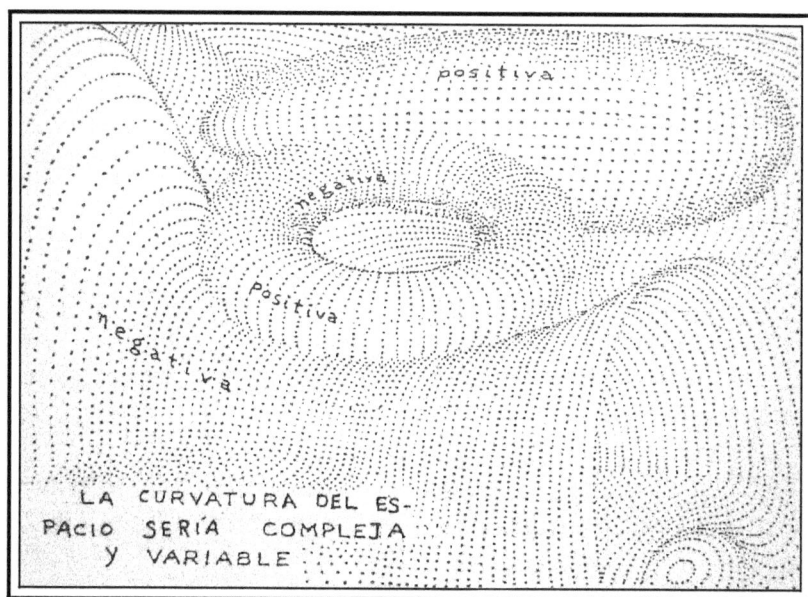

CURVATURA DEL ESPACIO

BIDIMENSIÓN

Queremos saber el por qué de la existencia, y para ello pensamos, y leemos, y dialogamos; pero siempre permanecemos en el punto de partida.

Hay círculos y más círculos.

Siempre la bidimensión.

Constantemente seccionamos la tridimensional esfera para intentar comprenderla, mas sólo logramos multitud de planas figuras, sin alcanzar la perpendicularidad necesaria para mentalizar al redondo cuerpo.

Buda comienza su primer sermón de la siguiente manera: "¡Om, Amitaya! No trates de medir con palabras lo Inmensurable, ni de hundir la sonda del pensamiento en lo insondable.

El que interroga yerra, el que responde yerra.

¡Nada digas!"

EL SILENCIO es la quintaesencia de la SABIDURÍA.

La palabra es hija del pensamiento, está condicionada a él.

El pensamiento es producto de la mente, a ella responde.

La mente es instrumento del ego, a él obedece.

El ego ha de ser completo Silencio.
silencio de sonidos,
silencio de sensaciones,
silencio de emociones.

Si no, ¿de qué manera se expresaría LO INSONDABLE?
No hay palabras.
No hay ideas.
Hay conceptos puros.

DES – ENVOLVIMIENTO

Surgen preguntas y más preguntas.

¿Realmente son tales?

¿Qué es una pregunta?

Para formularla necesito saber algo.

Saber qué no sé.

Si sé lo que estoy preguntando, innecesaria será la repuesta.

La respuesta inesperada no pasará por la ventana de mi yo. No tengo ventana para incorporar estructuras exógenas que, por ser grande mi ignorancia, llegarían a diluir mi identidad.

No enriquece el medio ambiente; ilustra.

Enriquece el des-arrollo interior, el des-envolvimiento secular.

¿Cómo formular la MÁXIMA PREGUNTA?

Tendremos que situarnos en el espacio y en el tiempo como AGUJAS ASTÁTICAS (1) QUE NOS LIBRARÁN DE TODA ADHESIÓN TELÚRICA.

Tendremos que abarcar el ESPACIO-TODO y el TIEMPO-SIEMPRE.

Con tal ubicuidad, intentaremos formular La Pregunta.

Pero… ¿Referida a Qué-Quién?

Silencio.

A LO-INNOMINADO.

La respuesta será inefable, in-decible.

Sólo el SILENCIO es la respuesta para la Máxima Pregunta que nos relaciona con LO-INNOMINADO. EL SER-TOTAL, UNO, sin yuxtaposiciones.

(1) ver Addenda.

RENOVADA ESPLENDIDEZ

"Donde una tumba se abre
Una vida comienza."
Víctor Hugo

Ese desecho anatómico, consecuencia del desgaste natural, o por voluntad ajena, o propia torpeza, ¿puede dar inicio a una NUEVA VIDA?

El autor de "La Leyenda de los Siglos", Víctor Hugo, afirma que tras el túmulo, la vida continúa con renovada esplendidez.

El alma aplicará en su NUEVO CAPÍTULO, la reminiscencia de su finita acción, como hacedora de aciertos y errores.

Estará más dispuesta a permanecer en el ingrávido estado, cual lo quería San Juan de la Cruz, que a volver a trajinar con deteriorable herramienta.

No querrá repetirse para ENMENDAR DESACIERTOS, o para RECIBIR RECOMPENSAS.

La térrea peregrinación espeja calvario.

Obraremos con desapegos, y la buena intención estará en todos los actos, para que no nos aten las obras fallidas ni las expectativas de reconocimiento por éxitos en la acción.

Seremos instrumento cósmico que quebrantará las cadenas áureas o ferrosas.

No esperaremos gratificaciones ni condenación terrena.

Que los frutos de la acción no nos pertenezcan.

Así, reuniremos las condiciones POST-REINO-MILENIAL,

que nos habilitarán para AQUEL existir pleno de positivos logros.

No comenzaremos nueva vida tras el hoyo postrero.

SERÁ LA MISMA VIDA que siempre nos alentó.

Estaremos ALLÁ conscientes de nuestro ministerio y felices por coadyuvar en CÓSMICA MISIÓN.

CUANDO UNA TUMBA SE ABRE
UN ALMA SE LIBERA.

OPUS DEI

El frío no tiene existencia real, lo que percibimos son cuantitativamente diferentes índices calóricos.

Algo análogo podemos decir sobre la inexistencia del mal. Sentimos un menor grado de bien.

Ambos, frío y mal, SON ACCIDENTALES, NO SUSTANCIALES.

Llegará el momento en que estas ideas primarias quedarán muy atrás. Serán menos que un sueño de incipiente mentalidad.

Como seres inteligentes ya no usaremos la mente, que nos parecerá zapatos de buzo frente a las sandalias aladas de Mercurio.

Talares que a su vez serán rémoras para nuestra barca de sidérea estructura, que como Carontes de rancio linaje conduciremos a través de amnésicos caudales.

Leteos que se tornarán impropios, porque no tomaremos otros cuerpos; esos cepos, aunque fueran auríferos, son siempre grilletes para condenados.

Habrá estático movimiento, permanencia en la mutación, grandeza en la pequeñez, sabiduría en la devoción, igualdad en la equidad, magnanimidad en la justicia...

En realidad no habrá movimiento ni estatismo, mutabilidad ni permanencia, grandeza ni pequeñez...

Pero, ¿cómo hacer para expresar LO-INEFABLE?

Aquí necesitamos leyes para que haya convivencia sin caos.

Allí no serán necesarias leyes. La conducta individual estará en armonía con todos.

Estaremos en OPUS DEI, sin contrastes ni humanas paradojas.

…mucho tiempo ha pasado y todavía no hemos comprendido aquello de "AMA A TU PRÓJIMO", y eso de "Y EL QUE QUIERA PONERTE A PLEITO Y QUITARTE LA TÚNICA, DÉJALE TAMBIÉN LA CAPA". Mateo V:40.

Desde posición tal, ¿Cómo lograr transmitir aquella vivencia a este mundo que todavía no tiene las palabras ni las ideas adecuadas a tan diáfana existencia? no obstante haberse expresado hace dos mil años.

"RECIÉN CUANDO EL DISCÍPULO ESTÉ PREPARADO, APARECERÁ EL MAESTRO", dicen los orientales. No esperemos entonces que venga un maestro a prepararnos el hábitat. Apresurémonos a ser dignos de nuestra noble estirpe y estemos listos para trascender estas vivencias sensorias que desvían nuestra trayectoria dada por celestial ministerio.

El tiempo para este sistema está en sus postrimerías.

Usemos segundo tras segundo de nuestra vida, con valor de eternidad.

FOTÓN NO CHISPA

Existo no obstante no haberme yo creado.

Me siento una criatura.

QUIEN me dio existencia lo hizo con designio preciso y magnánimo, sapientísimo y bienhadado.

QUIEN Todo-lo-puede se detuvo justamente en mí, y me hizo distinguible de cuantos me circundan; ni superior ni inferior.

¿Puedo concebir algo más personal, especial y excelso para mí?

El SER, que es la Razón-de Ser de todo lo senciente (1), dedicó un instante de SU eternidad para mí, y tal es SU bondad ("SÓLO DIOS TIENE ESA CUALIDAD ENTERA") (2) que no me impuso a que creyera que mi existencia por ÉL fuera otorgada.

Tengo plena libertad para negarLE, y por ello no he de perder mi condición.

La misma libertad tengo para adorarLE, para sentirme parte de SU SER; fotón de SU luz, más que chispa de SU fuego; la chispa se aleja y apaga.

Por mucho que me aleje conservaré siempre esa brizna de SU luz; no podré hundirme ni perderme, no podré ser aniquilado ni olvidado.

Terminaré siendo definitivamente SUYO.

Trascenderé la condición PARADISÍACA para asimilarme a la NIRVÁNICA.

Cuando piense egoicamente estaré revestido de personalidad (estado paradisíaco), yo aquí, Él allí.

Cuando no haya "yo" (estado nirvánico), participaré de ÉL.

Definitivo destino cósmico.

---

(1) Senciencia: propiedad de sentir.

Conciencia: propiedad de conocer.

La Esencia se revela como Conciencia y Sencencia.

(2) Marcos 10:18; Lucas 10:19.

HIJOSDALGO

No habrá Herodes ni víctimas.

No se sacrificarán ANIMALES BISULCOS, es decir, profetas o iluminados, que no obstante tener un pié en la TIERRA, lograron apoyar el otro en el CIELO.

El cerdo afiebrado busca refrescarse encharcándose en el lodo.

Quienes no tienen fiebre mundanal prescinden del aromático cieno que el MUNDO les ofrece, y se irguen cual flor de loto en pos de una más diáfana atmósfera.

Así debemos tender, entusiasmadamente (1), hacia el beatífico estado que nos fuera preparado al Principio por ABBA-AMMA. (Padre-Madre-Eternos).

Somos SUS hijos (no siervos). Hijosdalgo (no escuderos).

Tenemos SU cosmos para participar en su conducción, Aceptémoslo.

_____

(1) del griego enthoysiasmos, de en y Theos = Dios

NO MONEDA, SINO ESFERA

Los hombres necesitan
la erudición porque no
tienen Sabiduría.

Lao-tse.

El aprendizaje de muchas
cosas no enseña
a comprender.

Heráclito.

.

PTOLOMEO II, Filadelfo, creador de la biblioteca de Alejandría, rey de Egipto en siglo III antes de Cristo, no continuará ALLÁ con sus tareas interrumpidas hace veintitrés siglos.

Su labor de vigía la culminó con el faro de Alejandría.

La orientación y prevención de escollos, ALLÁ no está dada por baliza alguna. La orientación migratoria es innata y la ausencia de escollos es total.

Tampoco tendrá necesidad de traducir e incorporar a su biblioteca quinientos mil volúmenes, ni pagar a ningún SUMO SACERDOTE ELEAZAR, crasos tesoros por las LEYES DE MOISÉS, ni consultar a cada uno de los SETENTA Y DOS EMBAJADORES sobre su correcto significado. (1)

Después del REINO MILENIAL no harán falta libros, nuestra sabiduría estará más allá de toda grafía y la traducción no tendrá sentido, por cuanto las ideas se expresarán globalmente.

UN CONCEPTO DE ELLO PUEDEN DARNOS LOS IDEOGRAMAS.

---

(1) detalles de The Letter of Aristeas; The Forgotten Books of Eden; World Bible Publishers, Inc.

Llevaremos todo el SABER en nosotros.

La ILUSTRACIÓN y el CONOCIMIENTO son de este mundo, y siempre llevan su sombra; cuando ellos progresan en escala aritmética, su sombra, la ignorancia, lo hace en escala geométrica.

La sabiduría ALLÄ es TOTALIDAD, carece de contraparte negativa. No es moneda con cara y cruz; es ESFERA.

Nadie ha de decir: "sólo sé que nada sé"; pues las dos primeras palabras están expresando la realidad.

Sócrates tendrá que volver a pensar; y analizadas sus ideas, aparecerá ante el frontispicio de su dialéctica aquel GNOTHI SEAUTON leído en su juventud, y concluirá con que CONÓCETE es la vía para lograr el SÉ QUE SÉ.

Pero, tampoco quedará conforme, por cuanto se necesita un ateniense capaz de conocer, y un ateniense susceptible de ser conocido. Y él se siente UNO.

Tendrá que desechar el conocimiento, que le trae NO-CONOCIMIENTO, y decantar sólo sabiduría, ESFERA INMANENTE, y para siempre.

Dirá: "YO SOY YO". O mejor "SOY, LO SÉ".

Con plena ILUMINACIÓN.

SABER

La filosofía es una búsqueda perenne con la intención de lograr esclarecer algo que suponemos se da en quienes, con humildad y vehemencia, se dedican a investigar en sí mismos.

Ese "algo" es un estímulo inasible que SIEMPRE SE DESPLAZARÁ un poco más allá, haciendo que la filosofía permanentemente tenga un campo por explorar.

Los "SABIOS" han estado consustanciados con la naturaleza; con esa madre tierra que nos ofrece el humus para nuestra existencia como terrícolas.

Los sabios han sido eminentemente humildes. (No podía ser de otra manera: humus y humildad tienen la misma raíz latina). Parece ser condición "sine qua non" para llegar a la sabiduría. (1)

Ser sabio significa estar en perfecta armonía con el mundo, aunque no se apruebe su modo de ser. El sabio ha de saber y poder vivir sin dificultad alguna.

Si alguien, en el sendero conducente a la sabiduría,

llegara a "hacerse impopular", el motivo habrá que buscarlo en él mismo, y no en los que alberguen tal sentimiento. No debe alternar con el mundo como poliédrico sabedor (el poliedro tiene aristas casi filo y vértices casi púas), sino que, previa su desgastación, ha de presentarse cual canto rodado que fácilmente se desliza sin causar irritación.

La expresión "saber nada" se nos presenta como paradoja, por cuanto "nada" carece absolutamente de determinaciones y atributos.

"La" nada (permítaseme el artículo determinante) ha de ser necesariamente indecible, impensable; lo que conlleva a considerar que es un absurdo hallarle algo en que fundamentar la posibilidad de saber sobre lo incognoscible. INCOGNOSCIBLE NO POR FALTA DE ILUSTRACIÓN, SI NO POR FALTA DE SUSTANCIA, DE SUBSTRATO.

"Saber nada" es una expresión simétrica a "saber todo".

¿Cómo podríamos llegar a saber todo?

Si observamos al Todo para saber de él, estaremos fuera de él, en tal caso no sería Todo, tendría límite.

Deberíamos incluirnos. Seríamos parte del Todo. En tal caso, siendo parte, ¿cómo podríamos ser omniabarcantes para tener la convicción de saber todo?

"SABER NADA" y "SABER TODO" son expresiones equivalentes, aunque PARADÓJICA UNA e ILÓGICA LA OTRA.

"No saber nada"; "no" es negación y "nada" es negación de todo.

Si negamos una negación, lo remanente es afirmación.

Nos queda "saber", como posibilidad.

Pero, bien se puede saber sabiendo que se sabe, y también saber sin saber que se sabe.

¿Y aquel que "supiera que no sabe"? ¿Estaría en total ignorancia, o sería sabio?

Ni una cosa ni la otra. Es tan paradójico como "saber nada".

"Sólo sé que nada sé" es contradictoria.

"Saber" y "nada" son expresiones antagónicas sin posibilidades de enunciarse en una misma oración.

No puede haber relación alguna entre "el saber" y "la nada", cada uno de ellos está más allá de los extremos del lineal conocimiento.

El "saber" ES. De la "nada" ni siquiera se puede decir que NO-ES, por ser impensable.

"Saber", tiene connotación ilimitada.

"Nada", aparenta tener todo el límite que no tiene el Todo.

Tanto límite, que llega a anularse. Aunque "llegar a anularse" no es decir correcto, por cuanto "nada" es la nulidad absoluta.

Antes de otorgarle impronta a la palabra "nada", tendríamos que haber acuñado: "ausencia-de-todo".

Al decir "nada" le estamos dando un carácter positivo, un albergue en seidad. Suprema contradicción.

61

Al decir "nada", pretendemos decir lo que el "todo" no es.

Digamos lo que el "todo" no es, aunque su enunciación sea inacabable, y nos habremos librado de esa palabreja tan absurda como lo es nada, y "vacío".

---

(1) Hombre: del latín homine, abl. De homo; de humus, tierra, según Festo; según Bopp, la voz latina homo es igual al sánscrito gana, que en gót. sería gu-man, el que es nacido; esa interpretación declara que la palabra latina homo y el tema human, de humano, etc., el fr. Homme, el español hombre y el ital. uomo, provienen del celtogermánico gu-man; en ingl. husband y man; en al. mann, varón; man, uno mismo.- En sánscrito: man=pensar.-

La musa nos ilumina.

AGUJAS ASTÁTICAS

Hay quienes dicen que Dios resucitará a sus siervos que entrarán en el Jardín del Paraíso por fe. Lugar de paz y felicidad donde todo deseo será colmado, por ejemplo: el que durmió en el suelo, en el Paraíso dormirá sobre lecho mullido. Si sólo de granos se alimentó, allí podrá gustar de todos los frutos. Las mujeres en la Tierra envejecen y afean pronto; en el Paraíso habrá mujeres cuya juventud se renovará constantemente.

Nos parece que ese paraíso prometido es similar a este mundo, aunque con mejor distribución de sus gratificaciones sensoriales, que hallará placenteras el glotón el sensual, el indolente.

¿Cómo es posible que se haya imaginado un jardín de Paraíso tan paupérrimo de divinos designios?

Semejante pleroma tan humanamente deplorable sólo puede ser concebido por mentes ahítas de sensaciones epidérmicas y acentos guturales.

Esta existencia (por poco virtuosa que haya sido) es precio demasiado elevado, para comprar con ella variedad de comida, lecho mullido, y liviandad de costumbres.

Afortunadamente no es así. Allá no hay lechos mullidos ni esteras inmuelles; el cansancio no existe. No hay comensales ni cloacas; la energía se incorpora ENDOSMÓTICAMENTE, sin escorias.

El sexo es de la tierra; habrá sido superado, trascendido, para poder aproximarse al JARDÍN DEL PARAÍSO.

"SERÉIS COMO ÁNGELES, ASEXUADOS.

Seremos como agujas astáticas, de tal manera que la tierra no ejerza acción alguna sobre nosotros.

ES

"Adoraban a otros dioses. Tenían dioses extraños.

Su dios era el sol. Hacían figuras de barro, piedra, madera, que consideraban dioses."

Éstas y otras expresiones análogas solemos leer cuando nos ocupamos de la historia de los diferentes pueblos.

No leemos que haya habido gente con un dios tan incorpóreo que la única representación pudo haber sido una imagen mental. Las imágenes mentales no dejan huellas para historiadores ni espeleólogos.

El hombre se vio rodeado de innúmera cantidad de cuerpos, que él no había formado. Pensó –hasta donde pudo- que alguien distinto de él, lo había hecho. El "cuando" y el "cómo" eran incógnitas insolubles. Ello no fue óbice para que imaginara a tan excelso HACEDOR, tan capaz e inteligente como su incipiente mentalidad le permitía. LO consideró de omnímodo poder creador, conservador y renovador. Nadie estaba por sobre ÉL. LO llamó de diferentes maneras. Todas superlativas. LE adjudicó las supremas cualidades que pudo imaginar. Se sintió obra de aquel majestuoso SER que le expresaba SU amante paternidad, mediante la belleza de su hábitat y la seguridad de su alimento pendiente de innúmeros frutales.

El hombre pensó en un dios abstracto, pero necesitó también corporizarlo en manifestación a travez de esa máscara, sea ella el sol, un árbol, un manantial.

Cuando, transcurridos los siglos, los arqueólogos encuentren alguna obra de Migue Ángel, el David, el Moisés, dirán: "HE AQUÍ EL DIOS QUE ADORABAN AQUELLOS CRUELES HOMOCIDAS DE SIGLOS PASADOS". O si de la Sixtina quedara algún fragmento pictórico, dirán: "tenían por dios a un hombre añejo y longibarbado que pertenecería a una raza de gigantes de su época –sin duda-".

Y a semejanza de nuestros historiadores, los futuros arqueólogos, dirán de nosotros, como dicen hoy de los pueblos extinguidos: "eran paganos idólatras".

Naturalmente, comprensible será, si hasta ellos no llega noticia alguna de tantos iluminados de todos los credos. He allí VIVEKANANDA, SRI YUKTESWAR, SAN JUAN DE LA CRUZ, PLOTINO.

Tiempo y más tiempo pasará, y la humanidad pensará de otra manera, lo Supremo para ella seguirá siendo Dios, pero no como Padre, ni como Madre, ni como Padre-Madre (Abba-Amma). No será así por cuanto la idea de sexo se habrá extinguido, y el INEFABLE seguirá SIENDO, sin calificativo alguno, presente o futuro.

La humanidad se sentirá co-creadora del universo.

En manifestación o en inmanifestación: DIOS ES.-

SU ROSTRO

Allá en el devenir, ¿qué rostro tendremos?
¿Cuál el de ahora, reconocible, diáfano?

Nuestro rostro, como epítome de nuestra trayectoria, como quintaesencia de lo positivo, expresará fidedignamente la realización de nuestro ministerio y el cumplimiento de nuestras obras, hechos éstos en más o menos tiempo.

El mucho tiempo terrenal que usemos no será excluyente para nuestro feliz destino. Pero sí, agobiante cuando columbremos nuestra situación reiteradamente postergada.

No obstante, una vez que estemos conscientes de nuestra posición, y que hayamos comenzado con nuestra tarea de recuperación, todo será placentero.

¿Y el rostro del Señor?
El rostro del Señor es todos los rostros.
La pinacoteca de Su imagen es interminable.
La raza blanca Lo ve blanco, la raza negra Lo ve negro.
Su cabello, ondeado, lacio; largo, corto.
Todos tenemos un SU-ROSTRO, diferente.

Coincidimos en que es refulgente, de mirada dulce y serena, Paternal-Maternal. Todo lo abarca…

YO SOY EL QUE ES

Éxodo. III:14
"Lo que pasa no es
sino parábolas"
Goethe.

Piensas que al SER SUPREMO puedes adjudicarLE una serie de superlatividades que constituirán la quididad de SU SER.

De esta manera estás comparándoLO con "lo otro", en competencia con subalternidades. LO sitúas como "más" contra lo que es "menos", por encima de lo "inferior". "SUPREMO", en lid contra lo "bajo".

Ergo, EL estaría allende nuestra naturaleza.

Aquende, nosotros, con nuestras falencias.

Si ÉL está ALLÁ, en lo Alto, en Los Cielos, en SU Reino; no está aquí, en lo mundanal. No tendría entonces el atributo de omnipresencia, pues del lado de acá no estaría; tampoco tendría el de omnisciente, porque SU ausencia aquende lo privaría de saber por SÍ los aconteceres de aquí.

El epíteto "SER SUPREMO" es limitativo pues se necesita de alguien o algo inferior para que tenga significado.

El YO-SOY no tiene cualidades, es inqualificable.

YO-SOY "ES".

Y todo lo demás "NO ES", PUES PASA, PARÁBOLA ES. ALEGORÍA ES.

DÚADA

Después del REINO MILENIAL, en esa ausencia espacio-temporal, ¿veremos la CAUSA PRIMERA?

Si LA vemos, ¿será antropomórfica? ¿Qué otra imagen diferente, superior, puede el hombre concebir?

¿Circunscribirá nuevamente a la Idea Suprema en el perímetro de sus facultades, concibiéndo LA PERSONAL?

¿O más lógico le parecerá que ha de ser IMPERSONAL?

El SER, ¿será bueno, sabio, omnipotente, piadoso...?

¿O será ÉL la bondad, la sabiduría, la ubicuidad, la piedad...?

Es decir, el substrátum de lo ser-habiente. Impersonalidad.

Esto satisface nuestro actual estado de crítica cerebración, pero al mismo tiempo restringe las omniposibilidades de LO-ABSOLUTO.

LO-ABSOLUTO ha de ser tanto la posibilidad de ser:
SEIDAD, como su consecuencia: EL-SER.
Divina paradoja.
Es Dúada Personal-Impersonal.
O, mejor:
ES.

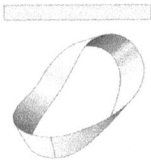

CINTA DE
MOEBIUS

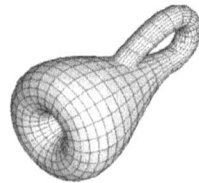

BOTELLA DE
KLEIN

68

MISIÓN DE RESCATE

Era la hora en que Sheherezade daba comienzo a su narración. Hora muy especial por cierto, dado el desplazamiento de las ondas telúricas. MACROSOFO se incorporó en el espacioso triclineo donde había permanecido decúbito supino durante una eternidad (así dijo), debido a las libaciones e ingesta de la víspera.

Se le ocurrió que su lucidez mental alcanzaba las cumbres himaláyicas y que su panorámica perspectiva le deparaba una visión de exquisito saber que le hacía merecedor de la distinción más refinada.

Decía que: "sabía que sabía". Por ello se encontraba tan aislado como anacoreta sobre columna. Se habían borrado de su memoria los signos de interrogación, ya que en su saber no cabía pregunta alguna. Los signos de admiración tampoco los necesitaba, pues nada desconocido se le podía presentar.

No tenía con quién compartir su gnosis porque estaba por sobre toda modalidad cognoscitiva. No obstante añoraba aquella trama ilusoria que lo tubo entretenido con su juego de abalorios.

El follaje caduco de las plantas se había renovado muchas veces.

Y él siempre queriendo "saber la sabiduría e ignorar la ignorancia".

Supuso haber arribado al final de todas las metas.

Nada ya le quedaba por contemplar…

Morfeo le visitó al alba, obsequiándole una cornucopia pletórica de esperanzas. Había algo de lo que podía disfrutar: los sueños.

Su emoción estalló, le pareció asir el levante, el septentrión, el poniente y la Nube Magallánica.

Su felicidad era total; "soñó que estaba despierto, y cuando despertó estaba dormido".

La paradoja era su matemática. Como preclaro arquitecto de ilógicos recintos usaba Heteróclitos teoremas.

Logaritmos, raíces y potencias, derivadas e integrales estaban expresados en sumatorias rúnicas de vacíos espacios, tan vacíos que ni el espacio mismo se había manifestado, y en tiempos psicológicos tan breves que obtenía los resultados antes de plantear las ecuaciones, que no igualaba a cero porque a tan magna cantidad, cero, no lograba posarla sobre extensión alguna, todas le resultaban demasiado breves.

Sus apuntes los realizaba en voluminosos tomos de una sola página, los había diagramado él mismo al estilo de cintas de Moebius.

Cuando bebía una triaca lo hacía con un matrás que llenaba por afuera.

Al retirarse para descansar, encendía dos farolas sincrónicas reguladas de manera de que sus luces se interferían produciendo relajante oscuridad.

Por retrovisor contemplaba el futuro.

Ahora entendía con claridad las escrituras que siempre le habían parecido abstrusas:

"El que encuentre su vida la perderá; y el que pierda su vida por mí, la encontrará".

"Al que quiera pleitear contigo para quitarte la túnica déjale también el manto;".

"y al que te obligue a andar una milla vete con él dos". (Mateo X:39 v:40 v: 41 Biblia de Jerusalén).

Macrosofo tomó la linterna de Diógenes de Sinope y se echó a andar los caminos. Quería encontrar a quienes practicaran estos crísticos preceptos. No tuvo más éxito que Abraham. No había nadie.

Abraham no encontró un solo justo por el que pudiera salvar Belá, Zeboim, Adma, Gomorra, Sodoma. Su destrucción lo atestiguan el hallazgo de tectitas de berilio y aluminio en los sitios donde estuvieron emplazadas estas ciudades.

Macrosofo ve a la humanidad tan pervertida como en aquellas épocas.

¿De qué manera y cuándo se producirá la catástrofe planetaria?

De una se salvaron ocho, Noé y su familia; de otra, Lot, sus dos hijas y futuros yernos.

¿Y de la próxima?

Macrosofo resolvió entonces contemplar a la humanidad desde su columna de estagirita que por su altura le daba buena perspectiva y la posibilidad de columbrar algún justo, por cuyo intermedio pudiera salvarse la presente civilización.

Antes, nadie hubo para tirar la primera piedra, todos estaban en falta.

Ahora, ¿dónde está el justo para salvarnos de esta fratricida tecnocracia sicalíptica?.

Macrosofo no miró más hacia abajo, sabía que allí no estaba la solución.

Elevó su mirada al cielo, con la esperanza de ver alguna nube conducente del ÚNICO SER capaz de realizar tan magno prodigio.

Le pareció ver juntas siete supernovas.

Siguió mirando deslumbrado, perplejo…Sintió, vibró, su intuición le expresó la realidad de su vivencia: no eran supernovas…

¡Era EL HOMBRE DE GALILEA en su Misión de Rescate!

71

ADÁN Y EVA EN EL TIEMPO

Cuando estudiamos geometría se nos dijo que el diámetro de una circunferencia era casi tres veces menor que la longitud de ella. Que esa relación la daba el número π.

Si teníamos que hacer cálculos en los que no se requiriera precisión podíamos usar la relación 3,14; si queríamos ajustarnos más a la realidad, debíamos usar 3,1416; y si nuestra exigencia era mayor usábamos 3,1415926.

Por otra parte, si éramos proclives a la comodidad y las circunstancias lo proponían, usábamos la fracción 22/7 como valor de π.

Ninguno de los casos expuestos podemos decir que estuviera mal, todo dependía de nuestra posición de practicidad. Algo análogo ocurre con el estudio que se hace de las Escrituras, y en particular del Génesis. No digamos que tal versículo está mal traducido, sino que su expresión no satisface al exégeta

Podemos quedarnos con eso de que "En el principio creó Dios los cielos y la tierra." O podemos analizar palabra por palabra para hallar el significado original que tubo en el antiguo hebreo. O hacer un estudio de sílaba por sílaba, o de letra por letra, dado que hay palabras que son consideradas siglas. Puede consultarse el libro del erudito Mario Roso de Luna titulado "Wagner, Mitólogo y Ocultista"; o "Génesis" por Rudolf Steiner; o "El Simbolismo de la Cruz" de René Guenon.

Realmente resulta cautivante para quienes tienen vocación de exégetas.

A continuación haré un breve estudio sobre las primeras palabras del Génesis, que nos darán amplitud de perspectivas, y que servirán de prólogo a mi disertación de hoy:

El "Génesis" es uno de los libros que ofrece gran cantidad de circunstancias por las que nos podemos interesar y buscar datos para dilucidar su primitivo significado.

La transliteración de las primeras palabras del antiguo hebreo son:

"BERESHIT BARÁ ELOHIM ET HASHAMAYIM
VE-ET HA-ARETS"

que suelen traducirse por:

"En el principio creó Dios los cielos y la Tierra."

Si bien podemos aceptar eso de "En el principio", observemos que la palabra BERESHIT está formada por otras tres, a saber:

BET, que visualiza el urdir cauteloso del receptáculo.

RESH, que actualizaba la efigie, el rostro de los seres espirituales que hacían la trama dentro de esa envoltura.

SHÍN, que simbolizaba la acuciosidad pujante que abre paso desde el interior, para manifestarse.

El verbo BARÁ, traducido por "creó" (o crió), expresaba la actitud anímica cósmica del discurrir de los Elohim, Reflexión que dió como resultado HASHAMAYIM y HA-ARETS, (los cielos y la Tierra, en la Biblia).

HASHAMAYIM expresa lo que irradia hacia afuera, y HA-ARETS lo que es interiormente activo.

Además tenemos la expresión "TOHU-VABOHU", traducida por "desordenado y vacío".

Nos preguntamos si puede estar desordenado lo vacío.

En realidad TOHU hace alusión al punto en medio del espacio que irradia energía. Y BOHU simboliza la reflexión de esos rayos desde una superficie esférica, hacia el centro. También nos sugiere, particularmente el sonido "B", la idea de: cúpula, matriz o agua. El agua aún estaba vacía (vacía de vida) por cuanto no se habían dado aún las condiciones de orgánica materia.

Esto nos conduce a justificar la traducción "desordenada y vacía".

TOHU-VABOHU es una expresión que la podemos considerar análoga a "Fiat Lux", hágase la luz; "Rua Elohim Aur";

cono de "Soplo Divino" que al retornar se transforma en Luz Inteligible.

Aur es inversión de Rua, Aur es la LUZ del primer día del Génesis; la luz física se creó en el cuarto día, con las "lumbreras".

Para el acto de creación de la luz tenemos en hebreo también la expresión "Iehi Aor" (hágase luz). Avir, el éter, al expandirse modifica su naturaleza y pierde la letra iod (I) que es símbolo de lo manifestado, quedando como remanente AOR = LUZ en su trayectoria centrípeta.

ELOHIM es palabra plural. En la Biblia está traducida por DIOS. Solemos encontrarla traducida por: EL-LOS-DIOSES.

Los Elohim fueron siete dioses menores encargados de nuestra creación, cada uno aportó su capacidad para hacer algo sin precedentes (novum).

Ellos fueron: Cristo, Melquisedec, Miguel, Gabriel, Rafael, Uriel y Metatrón.

"IHVH", llamado Yahveh, y pronunciado por los hebreos, después de hacer una pausa, como Adonaí, o Elohim cuando estaba escrito con los puntos de Alhim.

Mario Roso de Luna, en su libro sobre Wagner, dice que Elohim es una sigla y cita las palabras correspondientes a esas iniciales.

Bien, con lo dicho es suficiente para esta introducción.

Pasemos al tema de hoy que es:

Adán y Eva en el Tiempo.

El servicio astronómico Camilo Flammarión pudo haber informado que su telescopio captó con gran eficiencia el estallido de una supernova. Acontecimiento que ocurriera hace nueve millones de años, y del que recién hoy nos esteramos, debido a la sideral distancia que nos separa. Inversamente, desde aquel sitio, sólo hoy pudieron ver el momento vivido en nuestra esferoide, tal como lo fue hace nueve millones de años.

Así es que, para conocer las etapas evolutivas (o involutivas) nuestras y la de los seres con los que compartimos la existencia, debemos alejarnos lo suficiente como para que el Archivo Akáshico (archivo de la luz, estado en el cual todo existe) quede ante nuestros ojos.

La nave que utilizaremos no puede ser un cohete espacial, no nos sirve; un rayo de luz no es útil. Debemos aventajarla para ganar el tiempo transcurrido. Abordaremos el pensamiento, que, por ser instantáneo, simultáneamente nos habilita para la visión "fílmica".

Variemos las distancias para una mejor interpretación de lo captado. Ajustemos el objetivo.

La ancianidad del Patriarca Abraham y de su esposa Sara es claramente visible desde el sitio en que nos hemos colocado. Ellos sintetizan la humanidad toda. Su ancianidad simboliza el transcurso de innumerables eones, luenguísimos tiempos, vividos conforme a crísticos designios.

En realidad, Abraham y Sara son jóvenes llenos de bienaventuranza. Se resisten a perder su estado supra-angélico, expresándolo con su incredulidad acerca del advenimiento de un hijo, Isaac, con destino al sacrificio, sacrificio éste que resultó ser incruento; no obstante ello condujo a toda generación, a toda alma, a llevar durante una centuria (su vida), los grilletes de la materia.

Desde aquí vemos que su hijo no es SU HIJO, sino que es: TODAS LAS ALMAS.

Hasta ahora el estado era paradisíaco, incluyendo el estado adámico.

Adán y Eva no habían reparado en ausencia o no de vestimenta, y tampoco se habían detenido en diferencias anatómicas.

75

¿Se da cuenta la estrella de faltante alguna?

La inclemencia del tiempo está lacerando su piel, éste es el motivo por el cual quieren cubrirse. Hallan pieles de ovejas -cuyas carnes habían sido devoradas por los leones- en la playa donde estuvieron orando largamente, desconsolados, por la pérdida de su hábitat.

Vemos a Adán y a Eva admirando la prodigalidad natural de su entorno.

Si nos alejamos más en el Archivo Akáshico, no distinguiremos a Eva, pues no había pisado aún suelo alguno.

Ergo, allí está ADÁN, tan sólo él con todos los matices de verde. La atmósfera es tan pura que no necesita la función de ningún tubo digestivo. Endosmóticamente adquiere toda la energía necesaria para sus simples necesidades.

EL HACEDOR le provee de la materia suficiente para formar (= nombrar) los animales. El cuidado de esas criaturas no le dejaba sentirse solo.

Estamos viendo que ADÁN no se siente conforme con su estado de habilidad demiúrgica (creadora). Quiere irrumpir por senderos destinados a sus semejantes, los animales. Éstos están inmersos en vibraciones sensorias más lentas, que, a la humanidad, le ocasiona excitaciones neuronales rayanas en efímeras perspectivas conducentes a obnubilados juicios de antivalores pretendidamente divinos.

Al ver la atrapante pasión genesíaca, reproductiva, de las bestias, que las llevaba hasta a exponer sus vidas para fecundarse, Adán quiso experimentar tan polarizante cualidad carnal.

Allí está ADÁN, o, mejor, LA HUMANIDAD simbolizada por el EMIGRADO PROFETA CALDEO, Abraham. Aunque Adán no piensa en modificar su destino, quiere sumergirse en corpusculares estados que puedan identificarle -sólo transitoriamente- con su obra de cosmocrátor (de haber formado los animales).

76

No piensa encharcarse en porcinos cienos ni relajarse en cubiles viperinos, nidos de víboras. Quiere que su cuerpo actúe de gonadótropo, es decir que accione sobre el desarrollo y el funcionamiento fisiológico del aparato reproductivo, para lo que deberá dejar su estado androgínico, y, una vez escindido, luchar por la conjugación reproductiva.

Él es libre, puede forjar su destino. De divino coadjuctor puede cambiar por azaroso trajinar cual hoy lo padecemos. Se cree capaz de sumergirse y emerger en breve lapso.

Crea sus órganos. Necesita incorporar alimento térreo. Modifica su estructura. Debe digerir las brevas (higos) y beber agua.-

-Eva, dice Adán, ya no podremos regresar al Paraíso, la adquisición de órganos digestivos y su consecuente gravidez nos mantiene aherrojados en este planeta extraño. Añoro aquel cuerpo sutil, lumínico, que otrora usaba como herramienta de mi mente. Es verdadera, sí, es verdadera la afirmación del salmista (LXXXII:6 y Juan X:34): "dioses sois y lo habéis olvidado" o "poco menor que un dios le hicisteis" (Salmo VIII:6).

Alejémonos algo más para ver el estado en que vivía ADÁN antes de abandonar su ministerio:

Todo es luz. Reduzcamos al mínimo nuestras pupilas para ver mejor. Nos favorece la inexistencia de reverberos que podrían deslumbrarnos. La claridad parece surgir de cada uno de los seres que moran en tan beatífico lugar.

Su luz no es física, es la del primer día del Génesis. La luz física aparece en el CUARTO DÍA GENESÍACO, con las LUMBRERAS..

He ahí, la humanidad en la CELESTIAL UR = fuego sagrado. Todo es placentera actividad. Allí está, en UNÍVOCA MANIFESTACIÓN la simbólica pareja, distante aún de la desobediencia. Su actividad mental crea seres de luz. Formas y sutiles colores emergen a la realidad obedeciendo a su volición. Ésta es la humanidad representada por el EMIGRANTE

PROFETA = Abraham. Ése era el punto de partida de nuestro peregrinaje hacia inefable superación que nos llevaría hacia Arcángeles, Principados (Arkai), Potestades (Exusiáis), Virtudes (Dynamis), Dominaciones (Kiriotetes), Tronos, Querubines, Serafines.

Leímos "TÚ, SEÑOR, nos hiciste de Luz,
            nos hiciste UNO" .
No había polarización gonádica (sexo).
La materia, con ser tan sólo concentración dinámica, atrajo nuestra atención y quisimos experimentar sus posibilidades.
Como humanidad sabíamos de creaciones de seres etéreos, pero quisimos precipitarnos en cacharros temporarios, para lo que tuvimos que manifestarnos polarizados en una u otra mitad.
Nuestra VIRTUD se escindió en cinco facetas, constituyendo las cinco distintas electricidades que dan base a los cinco sentidos. Nuestra percepción instantánea se transformó en lineal ideación. De seres emotivos nos convertimos en sensitivos, dependiendo de la información más o menos distorsionada que proporcionan los objetos de las distintas electricidades condensadas en el pentaclo sensorial.-

Transcurre el tiempo: Allí hay dos seres. Su polarización anódica y catódica los hace perceptibles como mujer y como varón. Pero nada saben ni nada sienten como posibles genitores, es decir, engendradores. Esa función estaba reservada sólo para las bestias.

Allí está el LONGILÍNEO ÁPODO, la serpiente, portavoz del Rebelde, que los rodea de bestias en celo; les aconseja imitar su genésico modus operandi, acoplarse.
Se resisten a morder el Fruto del Árbol del Medio del Huerto, presienten azaroso desenlace, pero... ya es tarde, su mente había concebido la posibilidad de acceder a gustar del tentador fruto.-

78

Hablan con EL PADRE, quien les dice: "al adoptar caducos vestidos de hueso y carne, la desobediencia se consumó. La cosecha será penosa; la reversión, heroica."

Oran cuarenta días y cuarenta noches para lograr redención. Luego se "conocen" y comienza la gestación que traerá a la existencia al primer humano nacido de humanos.

Transcurren diez lunas y allí tenemos el fruto de la desobediencia. Nacen gemelos, el primer hijo, CAÍN, y su hermana LULUWA.

Crecen ambos niños hasta los cuatro años y tienen un regalo de sus padres. La segunda gemeliparidad pone en el mundo al segundo varón, ABEL, y su hermana AKLIA.

CRECEN.

Los progenitores quieren casar a la bellísima Luluwa con el menor de sus hijos, Abel, El mayor, Caín comete su primer homicidio y se casa con su gemela, Luluwa.

Con la señal protectora (Génesis IV: 14,15) -("Jehová puso señal en Caín para que no lo matase cualquiera que le hallara."). Desciende para poblar el valle.

Los funerales por Abel duran siete años. La PAREJA INOMBLIGADA decide conocerse nuevamente para traer al mundo otro ser para que sea compañia de la resignada Aklia.

Las lunaciones transcurren y la familia cuenta ahora con SET, el compañero para Aklia, con quien casará y poblarán la cima del monte.

El tiempo pasa y la población del valle es ya numerosa. Cuentan con muy sonoros instrumentos musicales para sus danzas. También aprendieron a fabricar bebidas alcohólicas mediante la fermentación de cereales, siguiendo las instrucciones de GENUN, discípulo del Rebelde, hijo de Lamec el ciego; éste terminó con la existencia de su ancestro Caín.

En la cima crece la población devota, la generación de Set y Aklia.

En el valle aumenta la población libertina de los cainitas que trepan la montaña para inducir a los setianos a que relajen sus costumbres. No es fácil.

Pero, finalmente, con su música de altos decibeles, sus bebidas alcohólicas deletéreas y sus provocaciones sensuales logran degradarlos; y queda la montaña, valle y cima, poblada de proscriptos navegantes que no hallarán cabida en el ARCA.

Actualmente no son numerosos los postulantes para integrar la tripulación y el pasaje en una nueva ARCA. aquella vez hubo ocho, Noé y su familia.

¿Y ahora? Probablemente los meritorios estén ocultos bajo el anonimato.

Podría aseverarse que los humanos nos hallamos todavía inmersos en la etapa primera de la existencia: paladar, sexo y sinecuras (dinero fácil), pilastras que basamentan el edificio social.

Además, los que cumplen con preceptos tales como: "y el que quiera ponerte a pleito y quitarte la túnica, déjale también la capa" (Mateo V:40), tienen el diagnóstico de orates, y son cuidadosamente aislados de los "cuerdos" que vemos ocupados en revolver hojarasca que desvía su atención de los valores fundamentales que nos pueden conducir a estados beatíficos que propiciarían la Parucía, el advenimiento de Cristo.

Recordemos que el momento magnético de la Tierra es de mil cuatrocientos años, es decir que cada mil cuatrocientos años el magnetismo terrestre se reduce a la mitad. Hoy tenemos tan sólo el treinta y siete por ciento del magnetismo existente en la época de Jesús.. Alejándonos en el tiempo ya no quedará magnetismo terrestre. La "sombrilla" magnética que él nos representa nos libra del viento solar y de los rayos cósmicos que son radiaciones muy dañinas para la vida. Tan sólo este hecho sería argumento suficiente para que la humanidad decida transformarse, evolucionar hacia estados angélicos que nos libren de la aniquilación segura.

El simbolismo de Mercurio nos dice que la humanidad, en la postrimería del segundo milenio, se halla en la base de su caduceo. Podemos decidir libremente entre ascender por la vara de laurel, o por una de las sierpes. La celeridad o la demora en lograr la cúspide en el cumplimiento de nuestro destino divino, depende de la elección que cada uno haga de por sí.-

Viajando con el pensamiento hemos visto las imágenes del ARCHIVO DE LA LUZ (ARCHIVO AKÁSHICO), donde absolutamente todo queda registrado, hasta el más humilde pajarillo tiene su currículum.

Pasemos ahora a ver las imágenes plasmadas en el FUTURO viajando con la imaginación intuitiva:

Allí están los demorados en su sigzagueante y penoso ascenso, así lo quisieron. Sus costumbres siguen siendo mundanas; aunque hay meritorios casos de superación moral.

Allá van las minorías en su ascensión cenital. La rectitud del LAUREL los conducirá prestamente a la ESFERA CELESTIAL.

Allí están los precursores, líderes de toda acción noble.

Hay numerosos grupos de recién llegados. No se les oye pronunciar palabra alguna. Prestemos atención...

Efectivamente, están en completo silencio. Sólo el silencio tiene la palabra. Verbo único con poder creativo. Voluntad innata, cualidad del alma, existente siempre, inmarcesible don.

Allí todo es silencio,
silencio de sonidos,
silencio de sensaciones,
si no, ¿de qué manera se expresaría LO INSONDABLE?
No hay palabras
Sólo hay ideas.

Hay conceptos puros.

La intuición los conduce por acertados senderos. Pero, después..., después no necesitarán que se les dirija intuitivamente, están destinados a ser por sí mismos, a obrar con sabiduría y en acuerdo total con la EXISTENCIA ABSOLUTA. No obstante, aún se sienten CHISPA del ETERNO FUEGO. Pero, están llegando a ser FOTÓN de LA SEMPITERNA LUZ, (recordemos que la chispa se aleja y apaga, el fotón, de masa cero, no es degradable).

Allende los tiempos desechada estará la ilustración y el conocimiento -que son terreros- siempre llevarán su inseparable sombra, cuando crecen en escala aritmética, su sombra -la ignorancia- lo hace en escala geométrica. La SABIDURÍA, ALLÁ, es Totalidad, carece de contraparte negativa. No es MONEDA, con cara y cruz; es ESFERA.-

A aquellos otros, que arribaron antes, se los ve en diáfanos cuerpos, no usan esqueleto, ni ligamentos, ni músculos, diríase hechos de luz estabilizada. No padecen fisiología que conlleva subproductos tóxicos y ácidos.

En sus ágapes hay LUZ como único alimento. En sus escudillas hace tiempo que ya no se sirve PLASMA SIDERAL.-

Quienes todavía tienen una duda, pero no atinan a formular esa póstuma, MÁXIMA PREGUNTA, sienten que para ello deben liberarse de toda adhesión, deben situarse en el tiempo y en el espacio como agujas astáticas (recordemos que son agujas imantadas superpuestas en sentido contrario, de modo que la tierra -el mundo- no ejerza acción alguna).

Deben trascender el ESPACIO-TODO y el TIEMPO-SIEMPRE, y, conseguida tan meritoria ubicuidad, intentarán formularse esa MÁXIMA PREGUNTA

Y ... ¿referida a Qué. Quién?

Silencio.

A LO INNOMINADO.

La respuesta será Inefable, In-decible.

Sólo el Silencio es la respuesta para la Máxima Pregunta que nos relaciona con LO INNOMINADO, el SER TOTAL, UNO, sin yuxtaposiciones.

Los aventurados en el camino escatológico, el destino final, saben que: vivir por resurrección, o en un paraíso en el cielo o en la Tierra, por palingenesia o metempsicosis, en el Averno, en el Seol, no constituye el estado "final" de la humanidad.

Hoy "vivimos"; pero las características de "vida" actual no se mantendrán "in perpétuum", se nos tiene reservado el estado de SER. Y mientras no trascendamos el YO estaremos sujetos a la condición PARADISÍACA, estaremos revestidos de personalidad (máscara); existiremos "aquí", y LA CAUSA PRIMERA "allí".

Pero cuando no haya YO -estado NIRVÁNICO- participaremos de LA CAUSA PRIMERA. seremos FOTÓN de la inmaterial LUZ GENESÍACA del DIA PRIMERO, relatado por el Autor del Pentateuco.

ADÁN-EVA habrá llegado al punto de partida.

Definitivo DESTINO CÓSMICO.

* * *

HOMOYOPRÓFEROS

PARTIDA

Prioritariamente pretendemos (por posible) preparar periódicos principiando por PE, palabra por palabra.

Primero plasmaremos pensamientos populares, para penetrar posteriormente por pasajes predilectos personajes probos.

Plegue Padre Primero permitirnos percibir primorosas pruebas próxima Parusía.

Por plegarias pidamos postreras percepciones provenientes pletórico Paraíso, primigenio pueblo perdido por pecado, pero presto para proceder principescamente polarizando palaciego porvenir.

Pronto partiremos.
Prensa preparada para primer plana policroma.
Pida pruebas para publicar propagandas.

PARUSÍA

Pensando positivamente podríamos pergeñar plan parafraseando prestigioso Ptolomeo Philadelpho, perenne puntal paradigmático.

Posibilitó perduración pura, presente Pentateuco – previniendo periclitación- pidiendo presencia personal principales prelados pueblo palestino proporcionando personales posturas planteadas por Pentateuco para preservar pureza prístina de palabras populares.

Pagó –para patriarca principal- portentosa plusvalía porque Ptolomeo Primero (padre) permitió pisotear personalidades provenientes penoso pasado.

Populosa peregrinación partió para primitivo país palestino – portando profusos presentes ptolomeicos- para permanecer pacíficos.

Propuestas provistas por probos profetas pueden palparse primero por Pentateuco, Psalmos, posteriormente: Pedro, Pablo, prediciendo próxima Parusía.

Pero primero percibiremos prolegómenos parusía, por presencia pésimas perspectivas pervivenciales, pobrisimas posibilidades panuniversales para permanecer parados.

Presidentes pecaminosos presidirán paupérrimos países poblados por pueblos proclives para postreros pecados.

Piélagos pestilentes perturbarán paces perecederas, pero principiarán pulular pequeñas proposiciones positivas para pisar penoso pasado pandemónico, puliendo plataformas propulsoras palabras patriarcales.

Piénsase positivamente pasar postrer planeta Plutón, posteriormente Pléyades, Perseo, Pegaso, para participar personalmente primeros personajes probos posando perimetralmente próxima Parusía, postrándose penitencialmente pretendiendo perdón por pecaminosos procederes públicos.

Por procederes privados pretéritamente púdose participar perdón pidiendo pacientemente presencia Paternal; percibiéndose preclaramente, para perder peso pecaminoso.

Pléyades, Perseo, Pegaso presenciaron postulantes pisando pináculo podio propalando plegarias paulinas, psalmos; pasando piadosos pensadores propuestas pitagóricas proyectadas para protagonizar prístinas posibilidades Paradisíacas.

Para presentarnos por postulantes pervivientes Post-Parusía, podemos prepararnos presente período perdiendo pecaminosas pasiones postrances, pesadas piedras para peregrino probo, pensando pasar por pulcro peristilo, puente próximo para Paraíso perpetuo.

Ptolomeo Philadelpho pudo preservar Pentateuco, procesando preparados palimpsestos, provistos por pasantes peregrinos proveedores pinceles pelo pecarí para perfiles pictóricos.

Pluguiera Padre Primero, podamos preservar palabras proféticas, para presentarnos posibles postulantes para Paraíso Post-Parusía, penetrando pleno pensamiento paradisíaco; pletórico porvenir principesco prodigando PAZ PERPETUA.

Placerános poder poblar Paraíso perpetuamente, pletórico posibilidades positivas, pluridimencionales perspectivas paulinas – provenientes pináculo patriarcal- prodigándose para proteger perennemente población paradisíaca.

Posibilítanos, PADRE, poder permanecer prestos para PÍA PATERNIDAD.

PITAGÓRICOS

Preclaro Pitágoras prudentemente pervulgó palingenesia para pocos prestigiosos pensantes, posibilitados para penetrar profundidad problemas planteados periódicamente por plataforma pietista.

Postura palingenésica primó para personajes pitagóricos predispuestos para paliar penurias población proclive perdición por pecaminosos perjuros.

Presencia pentaclo pitagórico posibilitó pasar persona por persona prístino pensamiento poseído por Pitágoras, proporcionando paz perdurable.

Plegue PADRE PRIMERO perdure primacía pensamiento piadoso, proporcionándonos pronta PARUSÍA.

Predispongámonos para posibilitar presencia plena predicha Parusía, pletórico paraíso pululante pensamientos positivos prodigando PERPETUA PAZ.

Preclaros profesionales preparados por pitagóricos propusieron propalar preciosas proposiciones postuladas por Parménides, platicador platónico, prístino pináculo pensante, portavoz perenne participando popularmente pensamientos puros.

Pericles, por perspicaz, percibió pensamiento pitagórico por palabras pronunciadas por Parménides.

Posteriormente pasó presto por portentosos peristilos pensando pausadamente perspectivas postmilañeras, pudo palpar pureza poseída por prístinas paradojas, parecía Protágoras platicando públicamente proposiciones parnasianas purificantes.

Palamedes preparó personajes probos para piadoso parlamento pietista, pero perduró poco, pronto pereció, pletórico; palpando popularidad plena, prodigada por pueblo predispuesto para pagar profusamente por públicas prestaciones pías, premio póstumo prodigado prudentemente para pocos personajes preferidos.

Por pronta presencia Parusía perderáse perpetuamente predisposición pecaminosa; placerános pertenecer pueblo predilecto propalando plenitud piadosa perspectiva patriarcal.

Permítelo, PADRE.

PEDRO

Pedro propaló Psalmos para pesaroso pueblo postergado, puntualizando principales puntos pertinentes próxima peregrinación, para poder popularizar prístinas palabras pronunciadas principalmente por peregrinos piadosos, profetizando Parusía.

Primero Pedro pasó por períptero palaciego, pensando perspectivas permitirse placentero periplo, previa penetración países proclives posturas pecaminosas.

Por pasaje pedregoso partió Pedro platicando prudentemente. Profundos pensamientos plasmaron perspectivas pletóricas, para piadosos penitentes perfectamente predispuestos por paráfrasis paulinas.

Pablo permaneció perplejo por presencia pobrísimos peregrinos, proclamando Parusía preanunciada por profetas precristianos. Peregrinos procedentes pueblo persa, perseguidos por poderoso Pílades; proscrito posteriormente por propasarse penalizando piadosos personajes.

Pedro, Principal puntual para perpetuar prescripciones perennes platicó para pobres pueblos pastoriles, priorizando palabras proféticas, prescriptoras puntuales pautas, pensadas por paternales penitentes pobladores países palestinos.

Primero Pedro, posteriormente Pablo, plantaron principios puros, provenientes prístino Paraíso pletórico pensamientos Paternales.

PROPÓLEOS

Pasando por penumbroso peristilo, propuso Proclo – procurador principal- procesar propóleos, pretendida panacea, para preparar pócimas pectorales, por posible próxima polución por pesticidas.

Pero pensó posteriormente prohibir pulverizaciones prohijadas por pésimas patronales permisatarias, procurantes pecaminosas, pretendiendo pletóricos puñados.

Proclo proclamó profusamente prédica previamente pergeñada por Polifemo −prestigioso pensador- para procurar popularización pócimas preparadas principalmente por parcial porción propóleos, panacea para perinefritis, pneumonía, psoriasis, pielitis, pústulas, podología, prurito, pleuresía.

Pudiendo proporcionarse próximamente por períodos prescritos para personas proclives para permanecer perturbadas psíquicamente.

Preste participación para paliar pesares provenientes pésimas posturas pecaminosas productoras principalmente peligrosas pestes, pauperizando pujantes poblaciones pretendidamente pulcras, pasando parcialmente por puros períodos puritanos placenteros producidos por prístina predisposición psíquica.

Podrá percibirse palmariamente prescripción posología por pancartas publicitarias públicas portadas por personas predispuestas para popularizarlas.

Placeráme percutir panderetas, platillos, parches; pífanos, plectros, púlidas, piag, pentacórdeo, piano, pianoforte, para pregonar prodigioso portento prodigado por propóleos puesto pacientemente para paliar pústulas perniciosas previniendo periclitación

---

Pífano: instr. Musical de los acadios, especie de flauta traversa sin
     llaves.
Púlidas (el): de los sicilianos.

Plectro: griego. Instrumento para tocar las cuerdas de la lira.
Piag: (xilófono) chino.
Pentacórdeo: lira antigua con cinco cuerdas.

Piense prestamente permutar prescripciones perimidas, por propóleos purificados, pídalo pronto, pague poco.

Posibilite perduración para productores. Pláceme prodigarle placeres por poco precio.
Punto.

Profesor Pepe
(posee pseudónimo pintoresco: Plin-Plin)

Posdata: Podría proseguir perorata,
           pero pienso puedo parecer
           pesado pedante proclive para
           pisar podio productor
           prestigio popular.
           Punto postrero.

Publicó
Prensa Pedagógica "polichinela"
Poligráfica PENTA
Para precio popular.

PALMERAS

Pasé por pétreo puente
para prado poblado
por pequeñas perdices
picoteando pertinazmente
pródigas parcelas.

Pájaros, palomas, petirrojos, patos
picaban palmeras peruanas
plantadas prolijamente
por perseverantes palestinos
para producir palmitos, postes;
pedidos por periódico popular paraguayo
próximo paraje Pilcomayo.

Preferido principalmente por personas
practicantes placeres pedestres
podemos percibir prosperidad primoroso prado
proporcionada por populoso palmar.

Practique palmerismo,
podrá percibir panorama
primorosas plantas pentapétalas
productoras perfumes perdurables
para personas prestigiosas.

* * *

ADDENDA

Agujas astáticas (49-61): Sistema de dos agujas imantadas, colocadas una sobre otra en sentido contrario, de tal modo que la tierra no ejerza acción alguna sobre ellas.

Amnésicos caudales (52): del gr. a=no; mnesis=recuerdo. Referido al Leteo, uno de los ríos de los infiernos, cuyo nombre significa olvido.

Anacoreta (67): que lleva una vida retirada.

Antiguo Saturno (42): Estado de la plasmación ideica de nuestro universo realizada por los Elohim.

Averno (33): poét. Infierno. Lago cerca de Nápoles con emanaciones sulfurosas, las aves que lo sobrevolaban morían. Considerado como entrada a los infiernos. En griego significa "sin pájaros". A sus orillas el antro de la sibila de Cumas. (Eneida IV).

Benoit de Norcie (45): Religioso cristiano, considerado el iniciador de la vida monástica en Occidente.

Big bang (24-46): Teoría que supone que la existencia del universo se debe a una explosión.

Carontes; Caronte (52): Barquero de los infiernos que pasaba por el río o la laguna Estigia las almas de los muertos.

Cientificismo (24): Es la ciencia ignorante de su sitio y de sus límites que se reviste con modales dogmáticos o sectarios.

Cosmocrátor; cosmocratores (25): Constructores del universo. Las Fuerzas Creadoras personificadas.

Demiurgo (25) : En la filosofía platónica: artífice creador.

Demócrito (37): Filósofo griego de Abdera 460 a. C. En su sistema, la materia se compone de átomos indivisibles que se mueven en el vacío, incluso el alma con sus átomos sutiles. La leyenda lo presenta riendo de la locura humana, por oposición a Heráclito. La filosofía de Demócrito sólo retiene lo que hay de bueno en el mundo.

Diógenes de Sínope (68): (413-323 a.C.) filósofo griego. Andaba de día por las calles de Atenas con su linterna encendida buscando un hombre justo.

Eckhart, Maitre (45): (¿1.260-1.327?) Inicia la Escuela Mística Alemana del siglo XIV. Nació en Hochhein, Turingia, como noble caballero alemán. Muy joven entró en el convento dominicano de Erfurt donde fue prior y vicario general de Turingía Maestro en sagrada teología, providencial de SajoniaV, vicario general de Bohemia, prior de Estrasburgo. El papa Juan XXII condenó sus doctrinas por considerarlas contrarias a la ortodoxia. Léase su libro "Los Tratados", editado por Ed. Hastinapura, Bs. As.

Eddinton, Sir Arthur (24): (1882-1944) astrofísico, matemático y filósofo. Proporcionó la primera prueba experimental de la desviación de la luz por una masa estelar.intentó una síntesis de los conocimientos sobre el universo físico.

Eleazar (56): Gran sacerdote judío, hijo de Onías, siglo, III a. C.

El Shaddai (22) : Un nombre de la Deidad hebrea, traducido por Dios Todopoderoso, lo encontramos en Génesis, Éxodo, Números, Ruth y Job. Su equivalencia griega es Kurios Pantokrator.

Elohim (20-22): Denominación de los siete Espíritus Creadores, correspondientes a los Exusiais o Potestades. Al unificarse después de su Gran Obra se denomina Yahvé-Dios (Jehová-Dios), dándose el primer paso hacia el monoteísmo, a pesar de lo que leemos en Gén. III:22: he aquí el hombre se ha hecho como uno de nosotros.

Leemos en "Wagner, Mitólogo y Ocultista". de Mario Roso de Luna: Elohim es palabra plural femenina. Los traductores de la Bilblia lo tomaron por masculino singular.

Es el plural del nombre femenino "El-h"; la letra final –h indica el género. Por excepción gramatical el nombre "El-h" forma el plural con "-im" que corresponde al plural masculino, en vez de terminar en "-oth" como regla general que terminan los plurales femeninos. Hay algunos nombres masculinos que forman el plural en "-oth", y algunos femeninos que lo forman en "-im"; otros toman indistintamente ambas terminaciones. La terminación del plural no altera el género del nombre, que permanece el mismo del singular.

La "creación" elohística no es la Creación primaria; los Elohim no son "Dios", ni siquiera los elevados Espíritus planetarios, son los arquitectos de este visible planeta físico y del cuerpo, o vehículo carnal del hombre.

Enoch (18): Padre de Matusalén. El libro "Los Secretos de Enoch" fue por mucho tiempo considerado canónico. Se encontraron manuscritos en Rusia y Servia en idioma eslavo. Hace comprensibles pasajes oscuros del nuevo testamento.

Epítome (64): Resumen o compendio de una obra extensa. Epitomar.

Geber (37): Alquimista árabe del siglo IX (u VIII), vivió en Sevilla. Se le atribuye, entre otros hallazgos, el del agua regia (mezcla de ácidos nítricos y clorhídricos, que disuelve el oro).

Goethe, Wolfgang (65): (1749-1832) el más célebre de los poetas alemanes, autor de Fausto, Wérther, Hernán y Dorotea, Ifigenia. Ministro de Estado. Fue un sabio de gran valía. Sentó las bases del idioma alemán.

Gónadas (15): Elemento glandular que, en cada sexo, representa la glandula sexual de secreción interna.

Heráclito (38-56): Filósofo griego de la escuela jonia, nació en Efeso (576-480 a. C.).

Heteróclito (68) : Apartado de las reglas.

IHVH (22): Las místicas letras del nombre Jehová. IeHoVaH.

Kali Yuga (8) : Denominación de un ciclo de 1.200 años que comenzó el año 701 antes de Cristo, y terminó en el año 449. A partir de ese momento comenzó el Kali Yuga ascendente con una duración igual, es decir 1.200 años, que terminó en 1699.Edad de Hierro, de oscurantismo, de máxima estrechez mental. Actualmente estamos en Dwapara, edad del desarrollo intelectual, con una duración de 2.400 años, luego sigue Treta de 3.600 años de desarrollo moral, y Satya o Krita de 4.800 años de desarrollo espiritual, dándose entonces la mayor aproximación al Ser Supremo. Kali fue la de mayor   alejamiento.

Lao Tse (46-56): Filósofo y asceta chino del siglo VII a. C. Fragmentos de su filosofía espiritualista la hallamos en el "Tao Te Ching".

Manú (8): sáns. man = pensar. Primer legislador, casi un ser divino.

Melquisedec (22): Rey de Salem. Sacerdote del Dios Altísimo. Sin genealogía, sin comienzo de días ni fin de vida.

Metatrón (22): hebr. El cabalístico "Príncipe de las Faces", la inteligencia del primer Sephira, y el supuesto director de Moisés, su numeración es 314, lo mismo que el título de la Divinidad "Shaddai", Todopoderoso. Es también el Angel del mundo de Briah y el que condujo a los israelistas a través del desierto y, por tanto, es lo mismo que "el Señor Dios" Jehová. Dicho nombre 'metathronon' o "cerca del trono".- 'Metatron' es en griego 'ángelos' (mensajero), o el Gran Instructor.- Este nombre se aplica igualmente al Hombre perfecto o divino.-

Moebius, cinta de (66-68): tiene sólo una superficie y un borde, (cinta sinfín). Cortándola por el medio se obtienen dos enlazadas de igual longitud. A 1/3 del borde, una ancha y otra fina de doble longitud.

Morfeo (67): Hijo o ministro del Sueño y de la Noche: era el primero de los Sueños.

Nirvana (9): Estado de existencia y conciencia absolutas en que el EGO del hombre que, durante la vida, ha llegado al más alto grado de perfección y santidad, entra después de la muerte del cuerpo, y algunas veces, como en el caso de Gautama Buddha y otros, durante la misma vida. Fusión del YO en el Espíritu Universal. "En esta bienaventurada 'Nada' gusta el alma paz divina", expresó San Juan de la Cruz. Aniquilación de las condiciones de la existencia individual.

Novum (20): Jamás habido.

Pleroma (61): del gr. Plenitud. Mundo Divino. Mansión de los dioses invisibles. Es uno solo y sus estados de existencia son grados del auto-desenvolvimiento.

Plotino (18-63): El más ilustre, grande y eminente de los neoplatónicos después de Ammonio Saccas, que fundó esa Escuela. Entusiasta filaleteo (amante de la verdad). A los 39 años acompañó al emperador Gordiano a Persia e India para aprender la filosofía de esos países. Murió a los 66 años.Escribió 54 libros sobre filosofía. Alcanzó el supremo Extasis o "unión con Dios", varias veces en su vida.

Porfirio (18): Filósofo neoplatónico. Escritor sumamente distinguido. Nació antes de la mitad del siglo III. Su verdadero nombre era Melek (rey). Místico por nacimiento. Alcanzó el éxtasis a los 60 años. Aplicaba la filosofía a la vida práctica. Para él el fin de la filosofía era la moralidad.Su sistema prescribía la pureza, y él la practicaba.

Ptolomeo II (56): Rey de Egipto (285/246 a.C.). Pagó cuantiosa fortuna y liberó 100.000 esclavos por las Leyes de Moisés. Hizo traducirlas al griego (versión de los Setenta).

Rama (o Ram) (33): fue druida, sacerdote de los escitas. Salvó a la raza blanca curándola de su terrible enfermedad. Deja Europa. En Persia funda la ciudad "Ver". Instituyó la fiesta de Navidad.Pasa a la India donde es suprema autoridad. La tradición dice que viajó en nave espacial para recibir instrucciones para la conducción de las multitudes. Es considerado séptimo avatar de Vishnú. Protagonista del poema "épico" Ramayana. Su nombre era Rama-chandra, apareció en el mundo al fin del Treta-yuga, (según Sri yukteswar sería 3.100 años antes de cristo; otras cronologías señalan la fecha muchos miles de años antes). Ver "Los Grandes Iniciados" cap. "Rama" por Edouar Schuré.

Rúnica (68): de runa=secreto. Lengua y alfabeto sacerdotal de los antiguos escandinavos. Conocimiento transmitido mediante runas. Ni la lengua ni los caracteres pueden interpretarse bien sin su clave. Fueron inventados por Odín.

Ruysbroeck El Admirable (45): Místico flamenco (1293-1381) en su convento de Groendal atrajo a la vida contemplativa a muchos sacerdotes que llegaron a la celebridad.

Sicalíptica (69): Pornográfica.

Silesius (37): Nació en el seno de una familia luterana. Su verdadero nombre era Johann Scheffler pero es más conocido por su seudónimo, que eligió en honor de su región de nacimiento y con el cual firmaría todos sus poemas.

Sinderésis (15): Capacidad para juzgar rectamente.

Sínope (68): Ciudad de Turquía a orillas del Mar Negro.

Sri Yukteswar (63): Se narran detalles de su vida en "Autobiografía de un Yogui" de Paramahansa Yogananda, de quien fue maestro. Autor del maravilloso libro "the Holy Science".

Talares (52): Sandalias aladas usadas por Mercurio.

Triaca (68): Contraveneno o antídoto. Medicamento de muchos simples narcóticos.

Tronos (20): De la primera Trilogía de la Creación (Serafines, Querubines y Tronos).Se despojaron de su corporalidad que era "calor" para que hubiera "sustancia" para la obra creadora de los Elohim. Su hábitat es la tierra.

Vivekananda (63): discípulo de Ramakrishna. Léase el interesantísimo "Evangelio Universal y Vida de Vivekananda" por Aldous Husley.

Yugas (7): (ver Kali yuga).

Zeus (36-37): En griego: el "Padre de los dioses". Es el Júpiter de la mitología romana.

CONTENIDO